Princípios Constitucionais
e
Relações Internacionais

Conselho Editorial
André Luís Callegari
Carlos Alberto Molinaro
César Landa Arroyo
Daniel Francisco Mitidiero
Darci Guimarães Ribeiro
Draiton Gonzaga de Souza
Elaine Harzheim Macedo
Eugênio Facchini Neto
Gabrielle Bezerra Sales Sarlet
Giovani Agostini Saavedra
Ingo Wolfgang Sarlet
José Antonio Montilla Martos
Jose Luiz Bolzan de Morais
José Maria Porras Ramirez
José Maria Rosa Tesheiner
Leandro Paulsen
Lenio Luiz Streck
Miguel Àngel Presno Linera
Paulo Antônio Caliendo Velloso da Silveira
Paulo Mota Pinto

Dados Internacionais de Catalogação na Publicação (CIP)

M414p   Massaú, Guilherme.
        Princípios constitucionais e relações internacionais / Guilherme Massaú. – Porto Alegre : Livraria do Advogado, 2018.
        112 p. ; 23 cm.
        Inclui bibliografia.
        ISBN 978-85-9590-039-4

        1. Direito constitucional. 2. Relações internacionais. 3. Direitos humanos. I. Título.

CDU 342:339
CDD 342

Índice para catálogo sistemático:
1. Direito constitucional : Relações internacionais   342:339

(Bibliotecária responsável: Sabrina Leal Araujo – CRB 10/1507)

Guilherme Massaú

Princípios Constitucionais
e
Relações Internacionais

Porto Alegre, 2018

© Guilherme Massaú, 2018

Capa, projeto gráfico e diagramação
Livraria do Advogado Editora

Revisão
Rosane Marques Borba

Grafismo da capa
freepik.com

Direitos desta edição reservados por
Livraria do Advogado Editora Ltda.
Rua Riachuelo, 1300
90010-273 Porto Alegre RS
Fone: 0800-51-7522
editora@livrariadoadvogado.com.br
www.doadvogado.com.br

Impresso no Brasil / Printed in Brazil

Aos meus pais (Erli e Noeli) – como sempre será;

Às partes fundamentais de minha vida (Gisele, Joaquim e Manuel);

Ao amigo Leonardo Camargo Subtil;

Ao Prof. Dr. Ingo Wolfgang Sarlet.

Agradecimentos

Embora o exercício de reflexão, de pesquisa e de escrita seja um tanto quanto solitário, pessoas participam da caminhada do pesquisador, ajudando-o, cada qual com sua disponibilidade, a compor o trabalho objeto da pesquisa. Dessa forma, não se pode deixar de agradecer às pessoas que se disponibilizaram a contribuir. Agradeço ao Prof. Matteo Chiarelli, ao Mestre Gustavo Haical, Prof. Dr. Gilmar Bedin, ao Prof. Dr. Florisbal Del'Olmo, ao Prof. Dr. João Alves Teixeira Neto, ao Prof. Dr. Marcelo Ruivo, ao Gelso Lovatel, à Pontifícia Universidade Católica do Rio Grande do Sul (PUCRS) e à Livraria do Advogado Editora.

Prefácio

A obra que ora tenho o privilégio e a alegria de prefaciar, da lavra do Professor Doutor e Pós-Doutor Guilherme Massaú, a quem tive a honra de supervisionar quando do seu estágio pós-doutoral junto ao Programa de Pós-Graduação em Direito da Escola de Direito da PUCRS. Aliás, é impositivo lembrar que o presente texto foi concebido precisamente com base no projeto de pesquisa apresentado e discutido durante o período em que tivemos, eu e Guilherme, a oportunidade de conviver academicamente de modo mais próximo nos últimos tempos. Com isso não se está a dizer que todo o texto foi escrito durante o período do pós-doutoramento, mas a sua construção, inclusive mediante a produção de artigos científicos sobre o tema, pode ser reportada substancialmente ao trabalho então desenvolvido.

Antes de fazer as devidas referências ao trabalho em si, não há como deixar de falar sobre o autor. Embora não conheça Guilherme há muito tempo o nosso convívio me resultou em agradável surpresa, posto que se trata de um pesquisador e docente academicamente humilde (porquanto todos devêssemos saber que por mais que acumulemos conhecimento sempre seremos aprendizes) mas dedicado e sério, que não mede esforços na busca das fontes e se submete de bom grado e com espírito atento ao crivo da crítica e do contraditório. Ademais disso, é um coletor entusiasmado de informações e de textos sobre temas da mais diversa natureza e mesmo de interesse histórico vários dos quais tenho tido a ocasião de receber e ler.

Mas agora algumas sumárias considerações sobre a obra que ora é objeto de lançamento na esfera pública.

Em primeiro lugar, não é demais lembrar (ainda que se possa afirmar que se está a destacar o óbvio) que o texto versa sobre um dos temas mais atuais e relevantes do Direito Constitucional, designadamente sobre a complexa e difícil articulação entre a ordem jurídica interna e a internacional. Que tal inserção do Estado Constitucional no contexto internacional, numa ambiência marcada – do ponto de vista jurídico – pela convivência e tensão (quando não conflito direto) entre diversos sistemas normativos e esquemas institucionais formais e informais resulta em inúmeros problemas e desafios e que de longe estão mesmo em parte equacionados, não é o caso de aqui desenvolver.

Por outro lado, a complexidade e a grande dificuldade de se afirmar patamares básicos de cooperação, democracia, *Rule of Law*, solidariedade e proteção dos direitos humanos e fundamentais, guarda relação direta com as forças políticas, interesses econômicos, aspectos de ordem cultural (dentre outros) que muitas vezes impedem que o Direito e a Justiça tenham uma eficácia social desejável ou, pelo menos, compatível com *standards* mínimos.

Já por tais razões o presente texto carece de leitura, tanto mais em se levando em conta o seu objeto.

Com efeito, a temática dos Princípios Constitucionais e Relações Internacionais, em especial na forma pela qual apresentada e desenvolvia por Guilherme, do pondo de vista da produção monográfica é ainda pouco versada no Brasil. Em geral pouco se diz (quando se diz) algo a respeito na doutrina constitucionalista em geral, mas ainda menos na seara da manualística, onde mesmo em parte das obras dedicadas ao direito internacional, a parte constitucional nem sempre é tratada com a atenção mínima necessária.

Além disso, é mais do que sabido que sem uma vontade constitucional de abertura ao direito e à comunidade internacional de Estados, a recepção do direito internacional, inclusive e de modo especial no caso dos direitos humanos é precária. No caso da Constitucional Federal de 1988 o simples fato de um conjunto de princípios/diretrizes/objetivos/tarefas ter sido consagrado no Título dos Princípios Fundamentais e na parte inaugural do texto constitucional já revela a importância que o constituinte, num movimento de extrema felicidade, atribuiu ao tema.

Se isso já é merecedor de efusivos elogios, o é ainda mais o teor dos princípios constitucionais que balizam (ao menos no plano do dever ser) a posição e atuação brasileira no cenário internacional. A partir de 1988 o Brasil passou a ser um Estado Constitucional Aberto e vinculado a um dever de cooperação e integração internacional, com destaque para a integração latino-americana. A afirmação da prevalência dos direitos humanos é outro dos destaques a serem lembrados aqui, ainda mais quando articulada com o disposto (também em caráter inovativo) no artigo 5º, § 2º, da CF, que tem por vocação a abertura do catálogo de direitos fundamentais no sentido da integração dos direitos humanos consagrados nos tratados dos quais o Brasil for parte.

Ainda que se pudesse aqui colacionar um a um os princípios arrolados no artigo 4º, CF, não é o nosso propósito invadir a seara do autor, mas apenas operar mediante uma técnica de caráter seletivo e ilustrativo, a demonstrar a relevância do tema e a felicidade do autor em se dedicar ao mesmo.

Além disso, é de se elogiar a coragem do autor em enfrentar tema pouco versado e com parca literatura e jurisprudência para dar sustentação aos seus estudos, logrando êxito em situar os princípios constitucionais na seara das relações constitucionais e imprimir uma estrutura dogmática no que diz com seu conteúdo e funções. Mais, Guilherme não descuidou de ilustrar o que construiu na parte geral com exemplo relevante e atual relativo ao modo de atuar do Governo Federal nesse contexto, em especial perante a ONU, embora, é claro, se trate de questão específica e não representativa de todos os casos.

Assim, ao fim e ao cabo, tecidas essas sumárias considerações, é possível afirmar que Guilherme logrou com a presente obra auxiliar a resgatar, na perspectiva constitucional, tema de extrema atualidade e relevância, situando-o num contexto particularmente olvidado pela dogmática constitucional. Que, como toda obra, se trata de um texto aberto, a ser submetido ao crivo do contraditório e que o próprio autor já se mostra disposto a aperfeiçoar (mais um gesto de saudável humildade e honestidade acadêmica), não é sinal de fraqueza per se, mas sim de força impulsionadora e indutora de novas leituras e desenvolvimentos pelo autor e por todos os que se dedicam ao tema. Talvez mais importante que isso, é o fato de que mediante a leitura novos interessados surjam e que disso resulte a produção de dissertações, teses, artigos científicos e obras dedicadas a uma teoria geral dos princípios constitucionais das relações internacionais e/ou textos que centrem a sua atenção na decodificação e aprofundamento dos princípios em espécie e mesmo dos inúmeros aspectos, incluindo problemas e desafios, que encerram e suscitam.

Portanto, estão de parabéns tanto o autor, Guilherme Massaú, quanto a Livraria do Advogado Editora, restando aqui a firme esperança de que a obra seja recebida com simpatia pela comunidade acadêmica (não apenas jurídica) e, quem sabe, pelos atores da política internacional.

Porto Alegre, abril de 2018.

Ingo Wolfgang Sarlet

Professor Titular e Coordenador do Programa de
Pós-Graduação em Direito da Escola de Direito da PUCRS
e Desembargador do TJRS

Sumário

Abreviaturas...15

1. Introdução..17

2. O Estado de Direito aberto e solidário e sua relação com os princípios do art. 4º da CF...21

    2.1. Estado de Direito...23

        2.1.1. Aberto..26

            2.1.1.1. Correlação entre os incisos do art. 4º da CF com dispositivos normativos de direito internacional................35

                2.1.1.1.a. Compreensão material dos princípios constitucionais das relações internacionais...........37

        2.1.2. Solidário...37

            2.1.2.1. Conceito..38

            2.1.2.2. Dinâmica...39

    2.2. Texto, princípio e regra..42

        2.2.1. Texto..42

        2.2.2. Princípio e regra..45

        2.2.3. Âmbito de incidência dos princípios................................50

        2.2.4. Abrangência espacial e temporal....................................50

        2.2.5. Envergadura substancial..51

        2.2.6. Direito cogente..52

        2.2.7. Dimensão de completude..53

3 A gênese dos princípios que regem as relações internacionais do Estado brasileiro..55

4. Perspectiva da eficácia e efetividade do princípio da prevalência dos direitos humanos..71

    4.1. Eficácia normativa...71

        4.1.1. Classificação de Ingo Wolfgang Sarlet.............................71

            4.1.1.1. Normas de alta densidade normativa................71

            4.1.1.2. Normas de baixa densidade normativa.............72

            4.1.1.3. Princípio-dever..72

4.1.2. Classificação de Virgílio Afonso da Silva......................................73
4.2. Efetividade..75
  4.2.1. Efetividade imediata...75
  4.2.2. Efetividade mediata..77
5. Função do princípio do art. 4º, II, da CF....................................79
  5.1 Prelúdio..79
  5.2. Função do princípio da prevalência dos direitos humanos....................80
    5.2.1. Competência do exercício das relações internacionais....................81
      5.2.1.1. Direito administrativo internacional do Estado...................85
  5.3. Casos Brasil *versus* Conselho de Direitos Humanos............................86
    5.3.1. Proposta de compromisso do Brasil à Assembleia Geral da ONU.....87
    5.3.2. O fato: veto..89
      5.3.2.1. Aplicação do art. 4º, II, da CF..91
        5.3.2.1.a. Argumento de incompetência............................91
        5.3.2.1.b. Argumento de ingerência..................................93
    5.3.3. O fato: abstenção..99
      5.3.3.1. Aplicação do art. 4º, II, da CF...101
6. Conclusão...105
Referências bibliográficas..109

Abreviaturas

AGU	Publicações da Escola da AGU
AVR	Archiv des Völkerrechts
Cadernos Direito/UFRGS	Cadernos do Programa de Pós-Graduação em Direito/UFRGS
CDH	Conselho de Direitos Humanos
CF	Constituição Federal brasileira
Doxa	Cuadernos de Filosofía del Derecho
Forense	Revista Forense
Pensar	Pensar. Revista de Ciências Jurídicas
GG	*Grundgesetz*
RBEP	Revista Brasileira de Estudos Políticos
RDCI	Revista de Direito Constitucional e Internacional
RIL	Revista de Informação Legislativa
ONU	Organização das Nações Unidas

1. Introdução

O constitucionalismo das relações internacionais[1] encontra-se traduzido em ditames normativos fundamentais do art. 4º da CF. Pela sua posição no texto constitucional, trata-se de normas fundamentais da realidade jurídico-constitucional do Estado brasileiro. Embora sejam ditames voltados para as relações internacionais, configuram-se em dispositivos, que orientam e delimitam as ações do Estado brasileiro em âmbito internacional, sendo que suas disposições possuem efetividade com repercussão internacional. Contudo, suas incidências normativas ocorrem na esfera de jurisdição constitucional. Por isso, a análise que se empreenderá não envolve o direito internacional, mas o constitucional.

O art. 4º da CF é pouco explorado pela doutrina constitucional pátria. Por isso, a relevância de se analisar as consequências da incidência normativa de tal artigo. É preciso reconhecer que são normas[2] constitucionais e, por isso, possuem força normativa. Contudo, se possuem força normativa, como tais normas incidem e em que momento? Questões que se pretendem responder a partir da análise de um caso concreto. Porém, como base para a análise, o texto

---

[1] Expressão de Leonardo Camargo Subtil. Utilizar-se-á a expressão *relações internacionais* por estar no texto constitucional e por ser uma designação abrangente. Dessa forma, pode-se compreender, na amplitude da expressão, as relações exteriores, a política externa, a política internacional dentre outras designações. ALMEIDA, Paulo Roberto de. As relações internacionais na ordem constitucional. In: *RIL*. a. 26, n. 101, jan./mar. 1989. Brasília: Senado Federal. p. 50; SILVA, José Afonso. *Comentário contextual à constituição*. 7. ed. São Paulo: Malheiros, 2010. p. 52.

[2] É preciso estabelecer um acordo semântico. Devido à polissemia da palavra *norma*, utilizar-se-ão dois de seus significados. Até o tópico 2.2 Texto, princípio e regra, a palavra norma designará o texto normativo. *Vide*: KELSEN, Hans. *Teoria Pura do Direito*. Trad. João Baptista Machado. 6. ed. São Paulo: Martins Fontes, 1998. p. 4. Após as definições técnicas do que é texto, princípio e regra, a palavra *norma* passa a ser utilizada como o resultado da interpretação do texto (seja regra ou princípio), *vide*: ALEXY, Robert. *Theorie der Grundrechte*. Frankfurt am Main: Suhrkamp, 1994. p. 42-47 e 72; ADEODATO, João Maurício. *A retórica constitucional*. São Paulo: Saraiva, 2009. p. 142-147. Em outra direção encontra-se SILVA, José Afonso. *Comentário contextual à constituição*. 7. ed. São Paulo: Malheiros, 2010. p. 29-30.

buscará tracejar as características dogmáticas dos normas insertas no art. 4º da CF, buscando estabelecer uma base teórica geral com a teoria de direito constitucional no tópico 2. Isso fornece os aportes necessários para se compreender a aplicação do constitucional das relações internacionais.

Como se trata de texto constitucional, optou-se por iniciar a análise com dois aportes teóricos que se encaixam na característica do art. 4º CF, que representa o ponto material entre o direito interno e o internacional. O primeiro aporte teórico é a abertura constitucional do Estado de Direito. Essa abertura viabiliza a consonância entre duas dimensões ainda distônicas: a interna (protegida pela soberania) e a externa (requerente de universalidade). O artigo citado está nessa linha limítrofe de contato, pois todos os seus incisos trazem conceitos oriundos do direito internacional embora sejam parte do direito constitucional. Para sustentar a ideia de abertura utilizou-se da concepção de Peter Häberle.

Como se trata de uma temática que envolve direito constitucional e direito internacional em termos de relações internacionais, é preciso ter um elo entre essas duas dimensões. Por isso, recorreu-se à concepção de solidariedade. Isso pelo fato de fortalecer a perspectiva de fortalecimento da ideia de comunidade internacional. Se a Constituição brasileira, como outras constituições (citadas na sequência), adota valores positivados no âmbito do direito internacional, isso já demonstra a tendência de participar da comunidade internacional. Participar em uma comunidade requer, além de abertura, a solidariedade para com os outros Estados (no caso do plano internacional). A solidariedade, em termos de dinâmica, pode favorecer as relações internacionais, potencializando a efetivação do art. 4º da CF.

Após os aspectos gerais fundamentadores, partir-se-á para análise da eficácia e da efetividade de tais normas. No entanto, antes é preciso saber se de fato e de direito está se analisando princípios ou regras. Tal determinação é fundamental, pois os princípios e as regras possuem diferentes métodos de incidência no fato jurídico. Embora o *caput* do art. 4º da CF já denomine seus incisos de princípios, somente a análise morfológica pode indicar de qual tipo de norma se trata. Destarte, poder-se-á seguir com a abordagem da função dos princípios das relações internacionais.

Dessa forma, depois de identificada a característica do art. 4º da CF optou-se por enquadrá-la na força normativa que possui. Para tal, convocou-se a classificação de Ingo Wolfgang Sarlet de normas com baixa e alta densidade normativa, para justamente ter-se a noção da eficácia da incidência normativa. Também se expôs a classificação de Virgílio Afonso da Silva com o objetivo de trazer outra contribuição. Tendo definido essa perspectiva, é preciso delimitar a efetividade dos normas. Destaca-se que a efetividade é verificada em termos de fato. Esse fato somente pode ser constatado a partir da atuação do órgão competente para representar o Estado brasileiro nas relações internacionais. Portanto, a efetividade não pode ser visualizada na sociedade, mas é verificada, de imediato, na atuação administrativo-política do órgão competente.

Com isso, estabelece-se a base para a análise da efetivação dos princípios constitucionais das relações internacionais. Para tanto, é necessário delimitar a esfera de competência de atuação do Chefe de Estado e seus acreditados no âmbito internacional. Sem essa delimitação, acredita-se que seria complicado visualizar a constitucionalidade ou inconstitucionalidade do Poder Executivo da União na representação do Estado brasileiro. Então, passa-se para análise da incidência do suporte fático do inciso II (prevalência dos direitos humanos) do art. 4º da CF. É uma análise que pode servir de parâmetro para a incidência dos demais suportes fáticos do citado artigo. A escolha do inciso II deve-se ao fato de o Estado brasileiro ter vetado e se abstido em propostas de Resolução do CDH da ONU.

O fato do veto do Estado brasileiro possibilita maior campo de avaliação da possível (in)constitucionalidade do ato decisório praticado no CDH. Contudo, a análise da abstenção contribuiu para destacar que a omissão pode caracterizar violação de princípio constitucional. As reuniões do CDH ocorrem no mês de março de 2017. Para o estudo dos argumentos do fato do veto, recorre-se a um pronunciamento da representante do Estado brasileiro no CDH e a uma reportagem do jornal Folha de São Paulo com a entrevista da Embaixadora do Estado brasileiro. Para o estudo dos argumentos da abstenção, recorre-se à reportagem do Jornal Folha de São Paulo e do relatório apresentado no CDH sobre a situação da república Islâmica do Irã. Isso pelo fato de inexistir pronunciamento do Estado brasileiro no Conselho sobre o caso do Irã. Tem-se somente o voto.

2. O Estado de Direito aberto e solidário e sua relação com os princípios do art. 4º da CF

Para construir a análise do art. 4º da CF[3] é preciso levar em consideração questões teóricas de fundamento do Estado de Direito (constitucional). Para isso e numa perspectiva contemporânea do constitucionalismo estatal, convocaram-se duas possibilidades teórico-práticas para servirem de fundamento ao estudo a ser realizado. A primeira consiste no Estado de Direito aberto. A segunda envolve o Estado de Direito solidário. Em face à solidariedade, o pressuposto essencial é o comungar de um mesmo mundo com diversos Estados, em termos de comunidade internacional. Ambos os fundamentos contemplam a percepção da pluralidade cultural.[4]

A abertura[5] refere-se à comunicação entre os entes de direito internacional, possibilitando uma combinação incontável de rela-

---

[3] *Vide*: MASSAÚ, Guilherme Camargo. Os direitos humanos e o Art. 4º, II, da Constituição Federal brasileira: a sua natureza e efetividade. In: *Cadernos Direito/UFRGS*. v. 12, n. 1, 2017. Porto Alegre. (seer.ufrgs.br/index.php/ppgdir/article/view/72405/43856) Acesso em: 14 de outubro de 2017.

[4] HÄBERLE, Peter. *Verfassungsvergleichung in europa- und weltbürgerlicher Absicht*. Später Schriften. Berlin: Duncker & Humblot, 2009. p. 209.

[5] A abertura que será destacada, a seguir, é a comunicacional. É o reconhecimento constitucional da relação do Estado brasileiro com o plano internacional e a delimitação material--comunicativa por parte das normas elencadas no Art. 4º da CF. Junto com essa abertura do sistema constitucional ao plano internacional, existe a abertura em relação às circunstâncias em que a aplicação do mandamento constitucional em análise pode resultar (abertura da abertura). Tal abertura que se refere Häberle será abordada em seus pormenores em outro texto, tratando da interpretação do art. 4º da CF. Aqui utilizar-se-ão de alguns parâmetros da *teoria* do constitucionalista alemão para embasar a análise do artigo. Para um resumo, *vide*: UZIEL, Eduardo, MORAES, Henrique Choer e RICHE, Flavio Elias. Entre direito e política externa – elementos para a interpretação do Art. 4º da Constituição. In: *RDCI*. a. 25, v. 99, jan.-fev. 2017, São Paulo: RT. p. 102-103; SARLET, Ingo Wolfgang. Linhas mestras da interpretação constitucional. In: ——; MARINONI, Luiz Guilherme; MITIDIERO, Daniel. *Curso de direito constitucional*. 3. ed. São Paulo: Revista dos Tribunais, 2014. p. 220.

ções e resultados das mesmas. Por isso, trata-se de abertura às necessidades, às possibilidades e à realidade de formas e resultados distintos, decorrentes da expansão do direito internacional no último quarto de século XX.[6] Tudo isso, a partir da normatividade constitucional principiológica a influenciar a realidade presente e futura da legislação, da administração e da jurisdição.[7] Contudo, a Constituição brasileira apresenta-se como *dualística* – em contraposição à teoria monista –,[8] na medida em que as normas de direito internacionais são aplicáveis internamente quando são recepcionadas por atos normativos internos. Dessa forma, a experiência jurídica deve ser tratada como experiência normativa.[9]

Como o art. 4º da CF traz textos de amplitudes consideráveis[10] e de cunhos axiológicos, é preciso, na sua análise, ter em consideração as possibilidades, as necessidades e a realidade do texto-valor constitucional e a competência e conjuntura política dos órgãos do Estado brasileiro diretamente envolvidos nas relações internacionais. Diante de normas abstratas, não se tem como tornar absoluta uma resposta constitucionalmente adequada, *a priori*. Nesse contexto, podem existir distintas possibilidades de respostas constitucionalmente adequadas, principalmente, no referente ao âmbito

---

[6] *Vide*: CARVALHO, Simone Carneiro. A constituição aberta aos direitos humanos. In: *AGU*. v. 9, n. 1, Brasília, jan./mar. 2017. p. 234-235. (seer.agu.gov.br/index.php/EAGU/article/view/1162/1119). Acesso em: 21 de setembro de 2017.

[7] HÄBERLE, Peter. *Die Verfassung des Pluralismus*. Studien zur Verfassungstheorie der offenen Gesellschaft. Königstein: Athenäum, 1980. p. 2 e 4.

[8] GUASTINI, Ricardo. *Le fonti del diritto*. Fundamenti teorici. Milano: Giuffrè, 2010. p. 466. A perspectiva dualista, em suma, apresenta os ordenamentos interno e internacional como ordenamentos distintos e separados. Já o monismo trata os ordenamentos interno e internacional como único ordenamento. GUASTINI, Ricardo. *Le fonti del diritto*. Fundamenti teorici. Milano: Giuffrè, 2010. p. 463.

[9] BOBBIO, Norberto. *Teoria da norma jurídica*. Trad. Fernando Pavan Baptista, Ariani Bueno Sudatti. 4. ed. Bauru: Edipro, 2008. p. 23.

[10] Nesse sentido, tem que se classificar a Constituição brasileira como dirigente, pois no caso do Art. 4º da CF – como no caso do Art. 3º da CF –, o legislador constituinte define fins e estabelece programas a serem respeitados. CANOTILHO, José Joaquim Gomes. *Constituição dirigente e vinculação do legislador*. Contributo para a compreensão das normas constitucionais programáticas. Coimbra: Coimbra, 1994. p. 12. Não se adentrará na discussão sobre o que a constituição dirigente acarreta, mas se deseja estabelecer uma pré-compreensão da função do Art. 4º da CF em face à Constituição de 1988 e aos destinatários do mandamento constitucional. Está-se diante de balizas e finalidades postas pela Constituição-jurídica ao espaço de discricionariedade da Constituição-política que rege as opções do Estado brasileiro nas relações internacionais. Como uma das funções da constituição, também *vide*: SARLET, Ingo Wolfgang. Teoria da constituição e do direito constitucional. In: ——; MARINONI, Luiz Guilherme; MITIDIERO, Daniel. *Curso de direito constitucional*. 3. ed. São Paulo: Revista dos Tribunais, 2014. p. 86 e 90.

internacional.[11] Nota-se que a garantia e a afirmação da identidade política, reconhecimento e eficácia dos direitos fundamentais e a imposição de fins, programas e tarefas estatais são características do sistema constitucional.[12] Ainda, salienta-se que as normas constitucionais que regem as relações internacionais compõem a *Menschenbild*[13] tanto dos valores brasileiros, quanto dos valores da comunidade internacional. É a projeção cultural do texto constitucional[14] nas relações internacionais, ou seja, é a positivação da identidade política e da tradição brasileira.

2.1. Estado de Direito

O conceito de Estado de Direito empregado nesse texto corresponde ao Estado constituído e limitado por normas (princípios e regras) constitucionais materiais e formais[15] forjados pelo "poder constituinte originário". Tal Estado[16] deve apresentar direitos fundamentais, a forma social,[17] divisão de poderes, independência dos tribunais e ser legitimado democraticamente e controlado pluralis-

---

[11] *Vide*: CARVALHO, Simone Carneiro. A constituição aberta aos direitos humanos. In: *AGU*. v. 9, n. 1, Brasília, jan./mar. 2017. p. 235-237. (seer.agu.gov.br/index.php/EAGU/article/view/1162/1119). Acesso em: 21 de setembro de 2017.

[12] SARLET, Ingo Wolfgang. Teoria da constituição e do direito constitucional. In: ——; MARINONI, Luiz Guilherme; MITIDIERO, Daniel. *Curso de direito constitucional*. 3. ed. São Paulo: Revista dos Tribunais, 2014. p. 86.

[13] BRUGGER, Winfried. Menschenbild. In: Stefan Huster und Reinhard Zintl (Hrsg.). *Verfassungsrecht nach 60 Jahren. Das Grundgesetz von A bis Z*. Baden-Baden: Nomos, 2009. p. 118-122. Essa expressão designa o conjunto de *valores* ou disposições jurídicas que formam a imagem do ser humano, ou seja, de como o mesmo se projeta, nesse caso, no ordenamento jurídico. *Vide*: HÄBERLE, Peter. *Das Menschenbild im Verfassungsstaat*. 4 Aufl. Berlin: Duncker & Humblot, 2008. p. 17-19.

[14] HÄBERLE, Peter. *Verfassungsvergleichung in europa- und weltbürgerlicher Absicht*. Später Schriften. Berlin: Duncker & Humblot, 2009. p. 3.

[15] *Vide*: MAURER, Hartmut. *Staatsrecht I*. 4 Aufl. München: C.H. Beck, 2005. p. 17; HESSE, Konrad. *Grundzüge des Verfassungsrechts der Bundesrepublik Deutschland*. 19 Aufl. Heidelberg: Müller, 1993. p. 80.

[16] Entenda-se a definição de Estado, aqui, ainda com a sua forma clássica, no sentido de constituir uma ordem jurídica soberana cuja finalidade é o bem comum dos indivíduos (e povo) em determinado território. DALLARI, Dalmo de Abreu. *Elementos de teoria geral do Estado*. 30. ed. São Paulo: Saraiva, 2011. p. 122; DALLARI, Dalmo de Abreu. *O futuro do Estado*. 2. ed. São Paulo: Saraiva, 2010. p. 51. Utilizou-se o termo indivíduo para destacar que o bem comum não é apenas daqueles que formam o povo, mas também dos denominados estrangeiros, que, por algum motivo, se encontram no território do Estado. Com isso, não se ignora o caráter universalizante de alguns direitos internacionais, nem tratados ou pactos internacionais, os quais o Estado brasileiro ratificou.

[17] Considera-se a dimensão social do Estado brasileiro, porém, na análise em curso nesse texto não cabe a problematização da adjetivação de liberal ou social.

ticamente.[18] A Constituição se estabelece como uma das fontes do ordenamento jurídico, aqui, no que se refere aos parâmetros normativos que o Estado-administrativo, – legislativo e – jurisdicional terá que seguir em termos de direitos – numa perspectiva de segurança jurídica[19] – e de deveres dos indivíduos e das instituições do Estado.[20] Nota-se, com isso, que o aspecto negativo do princípio do Estado de Direito é o que contraria o Direito. Por conseguinte, exige-se por parte do Estado (seus órgãos) a observação estrita do ordenamento jurídico, principalmente, o constitucional,[21] *e. g.*, art. 5º, II, e art. 84, IV, da CF.

Tais características estão traduzidas na *formalidade legal*, que consiste na vinculação do Estado às regras gerais e abstratas produzidas por meio de específico processo e publicizadas. O texto constitucional impõe o princípio da legalidade para balizar a administração pública, instituindo a organização e competência administrativas. Soma-se a isso a *materialidade* que dizem respeito às garantias de justiça material, da segurança da liberdade e do fundamento do Estado social. Dessa forma, o legislador encontra-se vinculado aos direitos fundamentais e aos direitos humanos dentre outros desdobramentos. Nesse sentido, surge a dissonância entre legitimidade e legalidade.[22]

Ressalta-se que o poder do Estado não se configura em entidade substancial preexistente à constituição e limitado, posteriormente, por ela. Trata-se de um poder com o fundamento na Constituição, tendo que seus atos serem considerados constitucionalmente determinados e delimitados pelos mandamentos constitucionais.[23]

---

[18] HÄBERLE, Peter. *Die Verfassung des Pluralismus*. Studien zur Verfassungstheorie der offenen Gesellschaft. Königstein: Athenäum, 1980. p. 289.

[19] NOVAIS, Jorge Reis. *Contributo para uma teoria do Estado de Direito* do Estado de Direito liberal ao Estado social e democrático de Direito. Coimbra, 1987. p. 224.

[20] LIMA, Ruy Cirne. *Princípios de direito administrativo*. 6. ed. São Paulo: Revista dos Tribunais, 1987. p. 36-37; CALABRÒ, Gian Pietro. *Diritto alla sicurezza e crisi dello stato costituzionale*. Torino: G. Giappichelli, 2000. p. 69-70.

[21] CANOTILHO, José Joaquim Gomes. *Direito constitucional e teoria da constituição*. 5. ed. Coimbra: Almedina, 2002. p. 1149; MAURER, Harmut. *Staatsrecht I*. Grundlagen, Verfassungsorgane, Staatsfunktionen. 4. Aufl. München: C.H. Beck, 2005. p. 12-14; SARLET, Ingo Wolfgang. Conceito e característica do direito constitucional. In: ——; MARINONI, Luiz Guilherme; MITIDIERO, Daniel. *Curso de direito constitucional*. 3. ed. São Paulo: RT, 2014. p. 96-97; MELLO, Celso Antônio Bandeira de. *Discricionariedade e controle judicial*. 2. ed. São Paulo: Malheiros, 2012. p. 10-11.

[22] KRIELE, Martin. *Einführung in die Staatslehre*. 4.Aufl. Opladen: Westdeutscher Verlag, 1990. p. 104.

[23] CANOTILHO, José Joaquim Gomes. *Constituição dirigente e vinculação do legislador*. Contributo para a compreensão das normas constitucionais programáticas. Coimbra: Coimbra, 1994. p. 464.

O Estado deve observar a intenção formal e material dos mandamentos constitucionais, promovendo-os e defendendo-os. Trata-se de movimento decisivo da realização constitucional e da justiça material[24] – no que diz respeito ao âmbito internacional. Dessa forma, o Estado de Direito (como princípio político constitucionalmente conformador),[25] atual, não se reduz a limites formalistas, porém se redimensiona nos limites materiais.[26] É pressuposto jurídico no Estado de Direito fixar a formação e a validade dos mandamentos jurídicos das demais normas estatais por meio dos requisitos formais e materiais[27] estabelecidos na Constituição.

O Estado de Direito, contemporâneo, defronta-se com o ambiente interno e externo heterogêneos e pluralistas. Ambos os ambientes apresentam, ciclicamente, conflitos de dimensões sociais e políticas, sendo complexo encontrar uma decisão consensual sobre qualquer temática.[28] No entanto, o Legislador Constituinte Originário estabeleceu normas amplas e maleáveis (até certo limite) para as relações internacionais. Destarte, é possível enfrentar as oscilações e as mudanças internacionais e política de governo,[29] mantendo os valores primaciais da Constituição do Estado brasileiro. Cabe ao Poder Constituído competente para as relações internacionais atentar-se para os limites constitucionais.

A(s) norma(s) emanada(s) do art. 4º da CF cria(m) um dever para os órgãos competentes de segui-la(s), observá-la(s) e tomá-la(s) como parâmetro orientador,[30] gerando um direito[31] coletivo de vê-la(s)

---

[24] Os parâmetros materiais do artigo em análise são inéditos no constitucionalismo brasileiro. Trata-se de uma inovação da Constituição de 1988, pois disciplina juridicamente as relações internacionais. UZIEL, Eduardo, MORAES, Henrique Choer e RICHE, Flavio Elias. Entre direito e política externa – elementos para a interpretação do Art. 4º da Constituição. In: *RDCI*. a. 25, v. 99, jan.-fev. 2017, São Paulo: RT. p. 97.

[25] CANOTILHO, José Joaquim Gomes. *Direito constitucional e teoria da constituição*. 5. ed. Coimbra: Almedina, 2002. p. 1150.

[26] NOVAIS, *Contributo para uma teoria do Estado de Direito*. p. 227-228; *vide*: GUASTINI, Ricardo. *Le fonti del diritto*. Fundamenti teorici. Milano: Giuffrè, 2010. p. 164-165.

[27] MAURER, Harmut. *Staatsrecht I*. Grundlagen, Verfassungsorgane, Staatsfunktionen. 4 Aufl. München: C.H. Beck, 2005. p. 1.

[28] NOVAIS, Jorge Reis. *Contributo para uma teoria do Estado de Direito* do Estado de Direito liberal ao Estado social e democrático de Direito. Coimbra, 1987. p. 228.

[29] DALLARI, Pedro. *Constituição e relações exteriores*. São Paulo: Saraiva, 1994. p. 15.

[30] É o tipo de norma constitucional que orienta o exercício do poder público, especialmente o Poder Executivo. GUASTINI, Ricardo. *Le fonti del diritto*. Fundamenti teorici. Milano: Giuffrè, 2010. p. 163.

[31] PONTES DE MIRANDA, Francisco Cavalcanti. *Sistema de ciência positiva do direito*. t. II. Campinas: Bookseller, 2000. p. 186.

efetivada(s) enquanto norma(s) constitucional(ais) situada(s) no tempo e no espaço. Tal exigência decorre da força normativa[32] da constituição[33] e do Estado de Direito (constitucional). Trata-se da vinculação de todas as dimensões dos poderes públicos à constituição, justamente por ser norma jurídica hierarquicamente superior.[34] Atenta-se, dessa forma, para o princípio da supremacia da constituição[35] quando da interpretação das normas constitucionais.[36]

2.1.1. Aberto

As normas do art. 4º da CF constituem a identidade e uma das aberturas[37] do ordenamento jurídico brasileiro à esfera inter-

---

[32] Destaca-se que o sentido moderno das constituições carrega a valência de normativa, pelo fato de serem compostas por normas jurídicas, mas também, especificamente, por estabelecerem a diferenciação funcional entre direito e política. Essa diferenciação faz com que o poder fique vinculado ao direito, possibilitando o seu limite e controle por parte do direito. NEVES, Marcelo. *Transconstitucionalismo*. São Paulo: WMF Martins Fontes, 2009. p. 21 e 53.

[33] HESSE, Konrad. *Grundzüge des Verfassungsrechts der Bundesrepublick Deutschland*. 19 Aufl. Heidelberg: Müller, 1993. p. 17; *Vide*: MORAES, Henrique Choer e RICHE, Flavio Elias. Entre direito e política externa – elementos para a interpretação do Art. 4º da Constituição. In: *RDCI*. a. 25, v. 99, jan.-fev. 2017, São Paulo: RT. p. 103-104; SARLET, Ingo Wolfgang. Linhas mestras da interpretação constitucional. In: ——; MARINONI, Luiz Guilherme; MITIDIERO, Daniel. *Curso de direito constitucional*. 3. ed. São Paulo: Revista dos Tribunais, 2014. p. 229-230.

[34] CANOTILHO, José Joaquim Gomes. *"Brancosos" e interconstitucionalidade*. Itinerários dos discursos sobre a historicidade constitucional. Coimbra: Almedina, 2006. p. 117; DALLARI, Dalmo de Abreu. *Elementos de teoria geral do Estado*. 30. ed. São Paulo: Saraiva, 2011. p. 202-203.

[35] Ocorrendo violação à supremacia constitucional o ato formal ou material caracteriza-se como inconstitucional. Isso, segundo o entendimento do Supremo Tribunal Federal (STF, ADIn 1.480-MC/DF, Rel. Min. Celso de Mello, j. em 4-9-1997, DJ de 18-5-2001), aplica-se a tratados ou convenções internacionais. BULOS, *Curso de direito constitucional*. p. 56-58.

[36] SARLET, Ingo Wolfgang. Linhas mestras da interpretação constitucional. In: ——; MARINONI, Luiz Guilherme; MITIDIERO, Daniel. *Curso de direito constitucional*. 3. ed. São Paulo: Revista dos Tribunais, 2014. p. 228-229.

[37] A abertura para HÄBERLE é mais ampla e envolve uma dialética entre Estado e sociedade pluralista. Trata-se da constituição como um processo que se desenvolve ao longo do tempo com as interpretações/aplicações por parte do Estado e da sociedade. Aqui se fará a conexão com as relações internacionais, cujos agentes da União possuem a competência de interpretar/aplicar os mandamentos constitucionais conforme a política e as circunstâncias fáticas. Contudo, segundo uma das críticas de CANOTILHO a HÄBERLE, o texto constitucional deve ser o ponto de partida e os limites do intérprete. Isso se torna relativo ou mesmo pode desaparecer na teoria do *constitucionalista alemão*. *Vide*: CANOTILHO, José Joaquim Gomes. *Constituição dirigente e vinculação do legislador*. Contributo para a compreensão das normas constitucionais programáticas. Coimbra: Coimbra, 1994. p. 98-99. Destaca-se, também, que se utilizará a ideia de abertura do constitucionalista alemão no que se refere à abordagem da abertura específica à seara internacional e não aos outros tipos de aberturas que o mesmo aborda.

nacional, como espécies de normas complementares. São valores normativos[38] oriundos do direito das gentes e radicados no direito constitucional pátrio.[39] Tanto que o conteúdo do art. 4º da CF é fixado pelo Direito Internacional Público,[40] *e.g.*, autodeterminação dos povos, direitos humanos, igualdade entre Estados, defesa da paz e, também, os demais. A partir da abertura conteudistica (ou material), o direito internacional público influencia na compreensão constitucional das relações internacionais. Cabe ao intérprete do texto constitucional, buscar no direito internacional público os significados das palavras contidas no texto do artigo em estudo.

Contudo, são normas jurídicas direcionadas ao Estado brasileiro que conectam o *tipo* do Estado constitucional democrático (Estado de Direito) – e suas variantes – ao direito internacional. É um Estado de estrutura sistêmica aberta – porém controlada –, capaz de receber do e emanar influências ao exterior das fronteiras estatais, calcado na democracia pluralista, nos direitos fundamentais, nos elementos da separação de poderes e em uma zona ampliada de intervenção social no seu interior, além de estar tendencialmente projetado para a comunidade internacional.[41] O Estado é justamente pessoa jurídica de direito internacional público.[42]

---

[38] Incluem-se princípios, *vide*: ALEXY, Robert. *Theorie der Grundrechte*. Frankfurt am Main: Suhrkamp, 1994. p. 125-126.

[39] LAFER, Celso. *Direito humanos*. Um percurso no Direito no Século XXI. São Paulo: Atlas, 2015. p. 55. Nota-se que o art. 4º da CF não só viabilizou a troca de influências entre o interior e o exterior, mas abriu o sistema jurídico constitucional no que se trata de sua historicidade. Por conseguinte, a Constituição de 1988 pode manter-se renovada nas relações internacionais por ter adotado concepções normativas amplos e consolidadas no âmbito internacional. CANARIS, Claus-Wilhelm. *Pensamento sistemático e conceito de sistema na ciência do direito*. Trad. António Menezes Cordeiro. 2. ed. Lisboa: Fundação Calouste Gulbenkian, 1996. p. 107-109. *Vide*: HÄBERLE, Peter. *Verfassungsvergleichung in europa- und weltbürgerlicher Absicht*. Später Schriften. Berlin: Duncker & Humblot, 2009. p. 124.

[40] MELLO, Celso D. de Albuquerque. *Direito constitucional internacional*. Rio de Janeiro: Renovar, 1994. p. 4.

[41] HÄBERLE, Peter. *Die Verfassung des Pluralismus*. Studien zur Verfassungstheorie der offenen Gesellschaft. Königstein: Athenäum, 1980. p. 288; HÄBERLE, Peter. *Verfassungsvergleichung in europa- und weltbürgerlicher Absicht*. Später Schriften. Berlin: Duncker & Humblot, 2009. p. 41; ZIPPELIUS, Reinhold. *Einführung in das Recht*. 3 Aufl. Heidelberg: C.H. Muller, 2000. p. 21. Tem-se a projeção da abertura democrática para a interpretação da Constituição com seus diversos intérpretes. Tal abertura à pluralidade de intérpretes marca o pensamento de Häberle no sentido de levar a *tópica* ao máximo de sua potencialidade em termos concretistas. BONAVIDES, Paulo. *Curso de direito constitucional*. 19. ed. São Paulo: Malheiros, 2006. p. 509-511; SARLET, Ingo Wolfgang, MARINONI, Luiz Guilherme; MITIDIERO, Daniel. *Curso de direito constitucional*. 3. ed. São Paulo: Revista dos Tribunais, 2014. p. 219-220. A interpretação do Art. 4º da CF será analisada em outro texto.

[42] BADURA, Peter. *Staatsrecht*. Systematische Erläuterung des Grundgesetzes für die Bundesrepublik Deutschland. 2 Aufl. München: C.H.Beck, 1996. p. 328.

Tal abertura estatal(-constitucional) é a expressão de uma cooperação (postura solidária) com a esfera internacional, com responsabilidade, a fim de garantir a paz no mundo e do fortalecimento dos direitos humanos[43] por meio dos direitos fundamentais – em âmbito interno (*vide*: art. 5º, §§ 2º e 3º, da CF).[44] Essas garantias gerais se desdobram em várias dimensões como as relativas aos recursos naturais, aos meios de vida, à "energia limpa" e à situação social humana nos países pobres e em desenvolvimento econômico. Além dessas, existem outras que também exigem dos Estados a assunção de responsabilidade conjunta em prol do *bem comum da humanidade*. Está-se diante de um Estado constitucional solidário que representa uma forma ocidentalizada de *suporte fático*[45] e de *ideal relativo* pensado em detrimento da paulatina incorporação, na vida cotidiana, da comunidade internacional com crescente e intensiva solidariedade.[46]

O Estado de Direito (constitucional) é o *tipo ideal* do Estado de sociedade aberta. Por meio do princípio do Estado de Direito – e de outros –, o ordenamento jurídico abre-se às exigências de otimização a várias concordâncias, conflitos, ponderações e compromissos. É o reconhecimento constitucional da realidade social, com seus elementos sócio-histórico-político-econômicos condicionantes

---

[43] *Vide*: HÄBERLE, Peter. *Die Verfassung des Pluralismus*. Studien zur Verfassungstheorie der offenen Gesellschaft. Königstein: Athenäum, 1980. p. 289-330.

[44] *Vide*: SARLET, Ingo Wolfgang. Linhas mestras da interpretação constitucional. In: ———; MARINONI, Luiz Guilherme; MITIDIERO, Daniel. *Curso de direito constitucional*. 3. ed. São Paulo: Revista dos Tribunais, 2014. p. 299-306.

[45] *Suporte fático* é a tradução feita por Pontes de Miranda da palavra alemã *Tatbestand*. Tal expressão designa referência a fato, a evento ou à conduta que pode ser concreta no *mundo-da-vida*. Assim, trata-se de um conceito do âmbito dos fatos e não do Direito. Só participará do mundo do Direito quando da incidência da norma, nesse momento surgirá o fato jurídico. A distinção entre o mundo dos fatos e o mundo jurídico é lógica e não fática MELLO, Marcos Bernardes de. *Teoria do fato jurídico*. Plano da existência. 13. ed. São Paulo: Saraiva, 2007. p. 41 e 47. Utilizar-se a ideia de *suporte fático abstrato* no sentido de SILVA, Virgílio Afonso da. *Direitos fundamentais* conteúdo essencial, restrições e eficácia. 2. ed. São Paulo: Malheiros, 2010. p. 67-68. Porém, cabe registrar que o autor citado utiliza a expressão *suporte fático concreto* para o fato concreto descrito em abstrato no texto normativo (p. 69). Aqui não se adotará essa última expressão quando da análise de um caso concreto. NEVES emprega *suporte fático* como o fato natural ou sócio-cultural ao qual as normas de direito atribuem efeitos jurídicos. NEVES, Marcelo da Costa Pinto. Incidência da norma jurídica e o fato jurídico. In: *RIL*. a. 21, n. 84, out./dez. 1984. Brasília: Senado Federal. p. 273.

[46] HÄBERLE, Peter. *Die Verfassung des Pluralismus*. Studien zur Verfassungstheorie der offenen Gesellschaft. Königstein: Athenäum, 1980. p. 288. Salienta-se que nesse processo existem avanços e retrocessos, conforme, principalmente, com as políticas e com as situações econômicas dos Estados e da comunidade internacional. CARVALHO, Simone Carneiro. A constituição aberta aos direitos humanos. In: *AGU*. v. 9, n. 1, Brasília, jan./mar. 2017. p. 234. (seer.agu.gov.br/index.php/EAGU/article/view/1162/1119). Acesso em: 21 de setembro de 2017.

da vida em coletividade.⁴⁷ É preciso destacar que a abertura se encontra, também, nos intérpretes da constituição. Todos os cidadãos, grupos de pessoas e instituições que estão sob a jurisdição constitucional também interpretam o texto constitucional. Esse reconhecimento é uma exigência de uma sociedade aberta e pluralista.

No caso da abertura ao direito internacional, é o reconhecimento que a Constituição não está só e não se esgota no ou é o ápice dos níveis do Direito enclausurado no Estado. Com essa abertura facilita-se a passagem da *law in the books* para a *living constitution*. Tem-se, dessa forma, os princípios potencializados na sua função *normogênico-sistêmica*.⁴⁸

A abertura tem gradual dimensão internacional – e supranacional – com sua responsabilidade correspondente.⁴⁹ Existem dois momentos para isso. O primeiro é o momento do processo jurídico formal do direito internacional. Por conseguinte, a observação de costume, a adesão às declarações, a cooperação internacional, a ratificação de tratado internacional, a feitura de pactos, o acordo, o *gentlemen's agreements* e a atuação nos órgãos internacionais exigem do Estado brasileiro a efetivação, no segundo momento, do seu aspecto jurídico material-constitucional estabelecido no art. 4º da CF. São justamente essas condições internacionais que justificam a estrutura textual do artigo em análise.

É nos objetivos comuns que se encontram as possibilidades de potencializar os objetivos da esfera internacional como a paz no mundo, a justiça social, o desenvolvimento dos Estados e os direitos humanos.⁵⁰ Porém, para que os objetivos comuns da comunidade internacional sejam perseguidos, é essencial que os Estados (independentes e soberanos) tenham posturas semelhantes entre si de abertura à esfera internacional. Elas necessitam ser cada vez mais incisivas em decorrência do processo de globalização da economia,

---

⁴⁷ *Vide*: MELLO, Celso D. de Albuquerque. *Direito constitucional internacional*. Rio de Janeiro: Renovar, 1994. p. 7-8.

⁴⁸ CANOTILHO, José Joaquim Gomes. *Direito constitucional e teoria da constituição*. 5. ed. Coimbra: Almedina, 2002. p. 1147.

⁴⁹ HÄBERLE, Peter. *Die Verfassung des Pluralismus*. Studien zur Verfassungstheorie der offenen Gesellschaft. Königstein: Athenäum, 1980. p. 289.

⁵⁰ HÄBERLE, Peter. *Die Verfassung des Pluralismus*. Studien zur Verfassungstheorie der offenen Gesellschaft. Königstein: Athenäum, 1980. p. 290; BADURA, Peter. *Staatsrecht*. Systematische Erläuterung des Grundgesetzes für die Bundesrepublik Deutschland. 2. Aufl. München: C. H. Beck, 1996. p. 328; DALLARI, Dalmo de Abreu. *O futuro do Estado*. 2. ed. São Paulo: Saraiva, 2010. p. 87-94 e 170-171.

da comunicação e de outros fatores.⁵¹ Assim como se encontra o texto do art. 4º da CF norteador das relações internacionais na Constituição brasileira, também outras *Cartas Magnas* apresentam aberturas semelhantes.

Salienta-se que os marcos normativos das relações internacionais estabelecem limites e objetivos, mas, ainda, viabiliza o controle político-jurídico da ação externa do Estado-administrador pelo Poder Legislativo e pelo Poder judiciário.⁵²

A Constituição de <u>Portugal</u> disciplina no art. 7º, 1, 2 e 3, o princípio de abertura internacional. Além de estabelecer dispositivos de abertura às relações com os países de língua portuguesa (art. 7º, 4) e de abertura à União Europeia (art. 7º, 5 e 6), as suas relações internacionais regem-se pelos seguintes princípios: (a) independência nacional, respeitos dos direitos do homem e dos povos, da igualdade entre os Estados, da solução pacífica dos conflitos internacionais, da não ingerência nos assuntos internos dos outros Estados e da cooperação com todos os outros povos para a emancipação e o progresso da humanidade; (b) preconiza a abolição do imperialismo, do colonialismo e de quaisquer outras formas de agressão, domínio e exploração nas relações entre os povos, o desarmamento geral, simultâneo e controlado, a dissolução dos blocos político-militares e o estabelecimento de um sistema de segurança coletiva de uma ordem internacional a fim de assegurar a paz e a justiça entre os povos; (c) reconhece o direito dos povos à autodeterminação, à independência, ao desenvolvimento e à insurreição contra todas as formas de opressão. O art. 152 da Constituição da <u>Venezuela</u> também estabelece princípios relativos às relações internacionais como: independência; igualdade entre os Estados; livre determinação e não intervenção em assuntos internos; solução pacífica dos conflitos internacionais; cooperação; respeito aos direitos humanos e solidariedade entre os povos na luta por emancipação e bem estar da humanidade. Na Constituição do <u>Paraguai</u> têm-se o art. 143 (com

---

⁵¹ ZIPPELIUS, Reinhold. *Einführung in das Recht*. 3 Aufl. Heidelberg: C.H. Muller, 2000. p. 20. Destaca-se que a comunidade internacional é descentralizada, não tendo um poder soberano que esteja acima dos Estados. Sem autoridade superior, os Estados se organizam de forma horizontal, prontificando-se a procederem conforme normas jurídicas que tenham sido constituídas a partir de seus consentimentos. Dessa forma, o sistema jurídico de direito internacional, fundamentalmente, assenta-se no consentimento dos Estados. REZEK, José Francisco. *Direito internacional público*: curso elementar. 8. ed. São Paulo: Saraiva, 2000. p. 1 e 3; MAZZUOLI, Valerio de Oliveira. *Curso de direito internacional público*. 5. ed. São Paulo: RT, 2011. p. 48-49.

⁵² DALLARI, Pedro. *Constituição e relações exteriores*. São Paulo: Saraiva, 1994. p. 16.

disposição semelhante ao art. 4º da CF) e o art. 144. O art. 143 contém os seguintes princípios: independência nacional; autodeterminação dos povos; igualdade jurídica entre os Estados; solidariedade e cooperação internacional; proteção internacional dos direitos humanos; livre navegação nos rios internacionais; não intervenção; condenação a toda forma de ditadura, colonialismo e imperialismo. No art. 144 tem-se a renúncia à guerra, porém existe a previsão do princípio da legítima defesa.[53] Na Constituição do Equador, os princípios das relações internacionais estão contidos no art. 416. O seu desdobramento dá-se da seguinte forma: nas relações do Equador com a comunidade internacional preponderará o interesse do povo equatoriano, com os seguintes princípios: 1) a independência e a igualdade jurídica dos Estados, a convivência pacífica e a autodeterminação dos povos, assim como a cooperação, a integração e a solidariedade; 2) propugna a solução pacífica das controvérsias e dos conflitos internacionais, e rechaça a ameaça ou o uso da força para resolvê-los; 3) condena a ingerência dos Estado em assuntos internos de outros Estados, e qualquer forma de intervenção, seja incursão armada, agressão, ocupação ou bloqueio econômico ou militar; 4) promove a paz, o desarmamento universal; condena o desenvolvimento e usos de armas de destruição em massa e a imposição de bases ou instalações com propósitos militares de um Estado em território de outro; 5) reconhece os direitos dos distintos povos que coexistem dentro dos Estados, em especial o de promover mecanismos que expressem, preservem e protejam o caráter diverso de suas sociedades, e rechaça o racismo, a xenofobia e toda forma de discriminação; 6) propugna o princípio de cidadania universal, a livre mobilidade de todos os habitantes do planeta e o progressivo fim da condição de estrangeiro como elemento transformador das relações desiguais entre os países, especialmente entre norte e sul; 7) exige o respeito dos direitos humanos, em particular dos direitos das pessoas migrantes, e propicia seu pleno exercício mediante o cumprimento das obrigações assumidas com a subscrição de instrumentos internacionais de direitos humanos; 8) condena toda a forma de imperialismo, colonialismo, neocolonialismo e reconhece o direito dos povos à resistência e libertação de toda forma de opressão; 9) reconhece o direito internacional como norma de conduta, e demanda a democracia dos organismos internacionais e a equitativa participação dos Estados no interior desses;

---

[53] SILVA, José Afonso da. *Um pouco de direito constitucional comparado*. São Paulo: Malheiros, 2009. p. 206-207.

10) promove a conformação ativa de blocos econômicos e políticos regionais, e o fortalecimento das relações horizontais para a construção do mundo justo, democrático, solidário, diverso e intercultural; 11) impulsionar prioritariamente a integração política, cultural e econômica da região andina, da América do Sul e da latino-americana; 12) fomenta um novo sistema de comércio e aplicação financeira entre os Estados que se baseia na justiça, na solidariedade, na complementariedade, na criação de mecanismos de controle internacional das corporações multinacionais e o estabelecimento de um sistema financeiro internacional, justo, transparente e equitativo; rechaça a transformação de controvérsias com empresas privadas em conflito entre Estados; 13) impulsionar a criação, ratificação e vigência de instrumentos internacionais para a conservação e regeneração dos ciclos vitais do planeta e da biosfera.[54] A Constituição da Bolívia estabeleceu no art. 255 os que as relações internacionais e a negociação, subscrição e ratificação de tratados internacionais respondem aos fins do Estado em função da soberania e dos interesses do povo; ainda destaca que a negociação, subscrição e ratificação de tratados internacionais serão regidas pelos princípios de: 1) independência e igualdade entre os Estados, não intervenção em assuntos internos e solução pacífica dos conflitos; 2) rechaço e condenação a toda forma de ditadura, colonialismos, neocolonialismo e imperialismo; 3) defesa e promoção dos direitos humanos, econômicos, sociais, culturais e ambientais, com repúdio a toda forma de racismo e discriminação; 4) respeito aos direitos dos povos indígenas originários campesinos; 5) cooperação e solidariedade do Estado e dos povos; 6) preservação do patrimônio, capacidade de gestão e regulação do Estado; 7) harmonia com a natureza, defesa da biodiversidade e proibição de formas de apropriação privada para o uso e exploração exclusiva de plantas, animais, micro-organismos e qualquer matéria viva; 8) seguridade e soberania alimentar para toda a população; proibição de importação, produção e comercialização de organismos geneticamente modificados e elementos tóxicos que causem dano à saúde e ao meio ambiente; 9) acesso de toda população aos serviços básicos para seu bem-estar e desenvolvimento; 10) preservação do direito da população ao acesso a todos os medicamentos, principalmente os genéricos; 11) proteção e preferências para a produção boliviana, e fomento às exportações com valor agregado.[55] A Constituição da República Dominicana, em seu

---

[54] Disponível em: <www.asembleanacional.gov.ec>. Acesso em: 5 de maio de 2017.

[55] Disponível em: <www.comunicacion.gob.bo>. Acesso em: 5 de maio de 2017.

art. 26, trata das relações e direitos internacionais, sendo um Estado membro da comunidade internacional, aberto a cooperação e defensor das normas de direito internacional, por conseguinte: 1) reconhece e aplica normas de direito internacional, geral e americano, na medida que seus poderes públicos forem adotando; 2) as normas vigentes de acordos internacionais ratificados valerão em âmbito interno, uma vez publicados de forma oficial; 3) as relações internacionais da república Dominicana fundamentam-se e regem pela afirmação e promoção dos seus valores e interesses nacionais, o respeito aos direitos humanos e ao direito internacional; 4) em igualdade de condições com outros, a República Dominicana aceita um ordenamento jurídico internacional que garanta o respeito dos direitos fundamentais, a paz, a justiça e o desenvolvimento político, social, econômico e cultural das nações; se compromete a atuar no plano, internacional, regional e nacional de modo compatível com os interesses nacionais, a convivência pacífica entre os povos e os deveres de solidariedade com todas as nações; 5) a República Dominicana promoverá e favorecerá a integração com as nações da América, a fim de fortalecer uma comunidade de nações que defenda os interesses da região; o Estado poderá subscrever tratados internacionais para promover o desenvolvimento comum das nações, que assegurem o bem-estar dos povos e a segurança coletiva de seus habitantes, e para atribuir a organização supranacionais as competências requeridas para participar em processos de integração; 6) pronuncia-se em favor da solidariedade econômica entre os países da América e apoia toda a iniciativa em defesa de seus produtos básicos, matérias-primas e biodiversidade.[56] Nota-se que as constituições citadas possuem um rol extenso de princípios próprio de relações internacionais.[57] Contudo, nem todas as cartas constitucionais apresentam esses princípios. Como exemplo de dispositivos

---

[56] Disponível em: <www.poderjudicial.gob.do>. Acesso em: 5 de maio de 2017.

[57] Constituições que apresentam textos de princípios semelhantes ou aparentados aos princípios da Constituição brasileira (e não função normativa dos textos): Afghanistan 2004 (art. 8); Algeria 1989 (art. 27, Art. 28); Angola 2010 (art. 12, 1, 2 e 3); Bangladesh 1972 (art. 25); Belarus 1994 (art. 18); Bhutan 2008 (art. 9, 24); Bosnia Herzegovina 1995 (Preâmbulo, art. II, 1, 2 e 8, e art. III, 2, a); Burkina Faso 1991 (Preamble); Cape Verde 1980 (art. 10); Djibout 1992 (art. 9 e art. 22); Iraq 2005 (art. 8); Ireland 1937 (art. 29, 1, 2 e 3); Italy 1947 (art. 11); Kazakhstan 1995 (art. 8); Mozambique 2004 (art. 17, 1, e Art. 19); Nicaragua 1987 (art. 5, 8); Norway 1814 (art. 115); Oman 1996 (art. 10); Philippines 1987 (art. 2, sec 2); South Sudan 2011 (43); Sudan 2005 (art. 17); Suriname 1987 (art. 7); Taiwan 1947 (art. 141); Togo 1992 (Preamble); Uzbekistan 1992 (art. 17); Vietnam 1992 (art. 12); Zimbabwe 2013 (art. 12, 1, *b* e *c*, 2). Utilizou-se o *site* <www.constituteproject.org> para citar as informações das constituições. Também manteve-se o nome dos Estados em inglês para facilitar consulta a quem interesse. Foram consultadas 190 constituições.

diferente do apresentado de abertura constitucional ao direito internacional tem-se a *Grundgesetz*. A Constituição da Alemanha (1949) no seu *Präambel* carrega a finalidade da República Federal no que diz respeito à paz mundial. Assim, o art. 1 Abs. 2 GG tem no reconhecimento dos direitos humanos como fundamento da comunidade humana, como a paz e a justiça no mundo; o art. 26 Abs. 1 GG estabelece que a paz mundial não deve ser perturbada, principalmente por agressões bélicas; o art. 24 Abs. 2 GG trata da defesa da paz, sendo que a União pode registrar um sistema mútuo e coletivo de segurança e junto a isso consentir a limitação de direitos, a fim de levar e assegurar uma ordem pacífica e duradoura na Europa e entre os povos do mundo; o art. 24 Abs. 3 da GG prevê que a contenda entre Estados será decidida pela jurisdição arbitral internacional;[58] art. 25 GG, declara que mandamentos *gerais do direito internacional* compõem o sistema jurídico alemão e incidem como direitos e deveres[59] para os habitantes.[60] [61]

O Estado constitucional aberto deve ser solidário (cooperativo), sendo que sua abertura externa significa solidariedade (cooperação).[62] Os mandamentos do art. 4º da CF caracterizam-se, também, por expressar outro tipo de abertura constitucional, a formal. Existe nos limites normativo-prescritivos do art. 4º da CF um campo potencial de regulação.[63] No caso em análise, a restrição dependerá das circunstâncias relativas às relações internacionais, logo, diversos atos podem ser incluídos nos limites normativo-prescritos.

---

[58] BADURA, Peter. *Staatsrecht*. Systematische Erläuterung des Grundgesetzes für die Bundesrepublik Deutschland. 2 Aufl. München: C.H.Beck, 1996. p. 327.

[59] *Vide*: HESSE, Konrad. *Grundzüge des Verfassungsrechts der Bundesrepublick Deutschland*. 19 Aufl. Heidelberg: Müller, 1993. p. 41-43; IPSEN, Jörn. *Staatsrecht I*. 14 Aufl. Kriftel: Luchterhand, 2002. p. 323-324.

[60] No Art. 59 Abs. 2 GG encontra-se a regra da internalização de normas advindas do direito internacional. Contudo, a diferença entre o Art. 25 GG e o Art. 59, Abs. 2 GG está na qualidade da norma jurídica. Para o primeiro artigo são normas gerais de direito internacional, o que compreende aqueles fundamentais. O segundo refere-se às demais normas, característicos da política e do posicionamento do Estado alemão diante de outros Estados ou a Organização das Nações Unidas. *Vide*: HESSE, *Grundzüge des Verfassungsrechts der Bundesrepublik Deutschland*. p. 42-43; IPSEN, Jörn. *Staatsrecht I*. 14 Aufl. Kriftel: Luchterhand, 2002. p. 323; BADURA, Peter. *Staatsrecht*. Systematische Erläuterung des Grundgesetzes für die Bundesrepublik Deutschland. 2 Aufl. München: C.H.Beck, 1996. p. 327.

[61] Esse tema merece outros desenvolvimentos. Desta forma, em termos de direito comparado, o estudo será realizado em outra oportunidade.

[62] HÄBERLE, Peter. *Die Verfassung des Pluralismus*. Studien zur Verfassungstheorie der offenen Gesellschaft. Königstein: Athenäum, 1980. p. 291.

[63] CANOTILHO, José Joaquim Gomes. *Constituição dirigente e vinculação do legislador*. Contributo para a compreensão das normas constitucionais programáticas. Coimbra: Coimbra, 1994. p. 440-441.

Dessa forma, cabe aqui ressaltar o que se tem como peculiaridade do direito internacional, ou seja, não existem relações de subordinação entre Estados, mas de coordenação.[64] Contudo, existem correntes que defendem a subordinação dos Estados às organizações internacionais, *e.g.*, a ONU e tribunais internacionais.[65] Com isso, o tópico abaixo demonstra essa coordenação entre direito do Estado e direito internacional.

2.1.1.1. Correlação entre os incisos do art. 4º da CF com dispositivos normativos de direito internacional

A abertura constitucional do art. 4º da CF é, marcadamente, influenciada pelo direito internacional. É a constitucionalização de princípios ou/e regras que se encontram no direito internacional. Para mostrar a relação entre os dois ramos do direito e a projeção do direito internacional no texto constitucional das relações internacionais, a cada inciso do art. 4º da CF citar-se-á dispositivo normativo de direito internacional, como exemplo. Contudo, destaca-se que os dispositivos normativos internacionais precedem[66] no tempo os dispositivos normativos da Constituição brasileira. É preciso citar a Resolução 2.625 (XXV) da Assembleia-Geral das Nações Unidas, de 24.10.1970, que contém princípios constantes na Constituição brasileira, como: não intervenção, solução pacífica dos conflitos, defesa da paz, igualdade entre os Estados, independência nacional, autodeterminação dos povos e cooperação entre os povos.[67]

Desta forma, a Constituição de 1988 foi influenciada e, de certa maneira, adotou valores guias constantes do direito internacional. No que se refere ao inciso I (independência nacional), encontra-se no mesmo sentido o artigo 2, 4, da Carta da Organização das Nações Unidas (ONU). No que condiz ao inciso II (prevalência dos direitos humanos), tem-se o Preâmbulo, o artigo, 1, 3, o artigo 13, 1, *b*, dentre outros dispositivos da Carta da ONU. Também, o princípio

---

[64] JELLINEK, Georg. *Allgemeine Staatslehre*. 3 Aufl. Berlin: Julius Springer, 1921. p. 376.

[65] Não se tratará dessa temática, pois o trabalho versa sobre direito constitucional, embora dialogue com o direito internacional.

[66] Salvo o documento citado que está vinculado ao terrorismo, que é posterior à Magna Carta.

[67] MORAES, Henrique Choer; RICHE, Flavio Elias. Entre direito e política externa – elementos para a interpretação do Art. 4º da Constituição. In: *RDCI*. a. 25, v. 99, jan.-fev. 2017, São Paulo: RT. p. 100.

do inciso III (autodeterminação dos povos) relaciona-se com o art. 1, 2, da Carta da ONU.

No que se refere ao inciso IV (não intervenção) do art. 4º da CF está relacionado com o artigo 1, 2, *in fine*, artigo 2, 7, da Carta da ONU, assim como o inciso V (igualdade entre os Estados) está contido no artigo 2, 1, da Carta da ONU. Já o inciso VI (defesa da paz), é um dos princípios da ONU, juntamente com a segurança, é exposto no artigo 1, 1, da Carta da ONU. O inciso VII (solução pacífica dos conflitos) consta do artigo 2, 3, da Carta da ONU. No condizente ao inciso VIII (repúdio ao terrorismo e ao racismo), tem-se a Convenção Interamericana contra o Terrorismo e, ao racismo, tem-se o artigo II, 1, da Declaração Universal de Direitos Humanos de 1948. O inciso IX (cooperação entre os povos para o progresso da humanidade) pode-se citar e vincular ao Preâmbulo e ao artigo 1, 3, da Carta da ONU. Por fim, o inciso X (concessão de asilo político) encontra-se relacionado ao artigo XIV, 1, da Declaração Universal dos Direitos Humanos de 1948.

O parágrafo único do art. 4º da CF encerra um objetivo constitucional,[68] que não depende, nas relações internacionais, somente do Estado brasileiro em alcançar o objetivo da integração latino-americana.[69] Defende-se, aqui, que tal objetivo está mais para as características normativas do art. 3º da CF do que para os dispositivos do art. 4º da CF.[70] O parágrafo único, além de ter fórmula política, encaixa-se na ideia de *cláusula transformadora* (como se visualiza no art. 3º da CF)[71] da realidade brasileira vinculada à realidade latino-americana, com o objetivo de estabelecer uma ordem regional. Por isso, não se pode considerá-lo com os mesmos efeitos dos incisos do artigo em estudo.

Com essa comparação, surge a indagação se se tratam de princípios de direito interno ou princípios gerais de direito internacional.[72] Defende-se a resposta de que são ambos, são princípios internos e externos. São princípios internos por constarem da Constituição

---

[68] DALLARI, Pedro. *Constituição e relações exteriores*. São Paulo: Saraiva, 1994. p. 183.

[69] MELLO, Celso D. de Albuquerque. *Direito constitucional internacional*. Rio de Janeiro: Renovar, 1994. p. 115.

[70] Em face disso, o parágrafo único não será objeto de análise.

[71] BERCOVICI, Gilberto. *Constituição econômica e desenvolvimento*. Uma leitura a partir da constituição de 1988. São Paulo: Malheiros, 2005. p. 36-37.

[72] MORAES, Henrique Choer; RICHE, Flavio Elias. Entre direito e política externa – elementos para a interpretação do Art. 4º da Constituição. In: *RDCI*. a. 25, v. 99, jan.-fev. 2017, São Paulo: RT. p. 112.

(norma ápice na hierarquia do sistema jurídico), portanto, possui eficácia e necessita de efetividade próprias das normas constitucionais. São princípios externos por duas perspectivas: 1) embora sejam princípios constitucionais, tratam de ação do Estado brasileiro no âmbito internacional, ou seja, sua efetivity realiza-se no exterior do Estado, porém sua eficácia é interna, pois recai nos agentes do Estado; 2) embora positivados na constituição, a compreensão da significação material dos incisos do art. 4º da CF só se perfectibiliza com a absorção do sentido atribuído na esfera internacional.

2.1.1.1.a. Compreensão material dos princípios constitucionais das relações internacionais

A relação existente entre o direito interno e o internacional, acima demonstrada, exige do intérprete, no âmbito do Estado, que leve em consideração o aspecto material com o significado das normas de direito internacional no momento de interpretar e aplicar os incisos do art. 4º da CF. Sem isso, os princípios diretamente relacionados à esfera de direito internacional perdem sentido. Contudo, não se ignora que tal interpretação deve ser conjugada com a visão interna do Estado a partir da política escolhida pelo Chefe de Estado. Tal equação tende a conduzir ao intérprete às fronteiras materiais do significado dos princípios a fim de instruí-lo na determinação de sua aplicação.

É justamente na seara internacional que se recolhem os significados de independência nacional, direitos humanos, autodeterminação dos povos, não intervenção, igualdade entre Estados, defesa da paz, solução pacífica dos conflitos, terrorismo e racismo, cooperação entre os povos, progresso da humanidade e asilo político. Os significados dessas expressões são recolhidos das várias fontes de direito internacional. Somente a partir do conhecimento desses significados o Estado brasileiro pode agir em termos de política sem os violar, já que se tratam de princípios constitucionais regentes das relações internacionais.

2.1.2. Solidário

Em uma época dos direitos dos indivíduos, insere-se a solidariedade como uma premissa constitutiva da dimensão incontornável do *viver em sociedade*. A solidariedade possui propriedades que a república exige: a autonomia da consciência e a obrigação social recíproca.[73] Desta forma, como não se trata do tema objeto do estudo, é parte do fundamento do tema a ser analisado. Assim se estabelecerá um conceito e uma dinâmica da solidariedade, pois ela viabiliza a construção da comunicação entre o lado interno e o externo das relações internacionais.[74]

2.1.2.1. Conceito

A dimensão da solidariedade é destacada, ao invés da cooperação, principalmente, por dois motivos: 1) jurídico, constitui objetivo constitucional de tornar a sociedade brasileira mais solidária (art. 3º, I, *in fine*, da CF [e internacional: art. 3º da Carta da Organização do Estados Americanos]);[75] 2) antropológico, o ser humano nasce e se desenvolve em uma coletividade, ou seja, o ser humano natural não é um ser isolado, mas coletivo, sociável.[76] Dois motivos que convocam a ideia de solidariedade, que dever ser projetada interna e externamente ao Estado brasileiro. Nesse sentido, a ligação entre o plano interno e o externo é o texto do art. 4º da CF.[77]

---

[73] BLAIS, Marie-Claude. *La solidarietà*. Storia di un'idea. Trad. Beatrice Magni. Milano: Giuffrè, 2012. p. 3, 5 e 8.

[74] Na base da sustentação jurídica da União Europeia encontra-se o princípio da solidariedade. *Vide*: PIAZOLO, Michael. *Solidarität*. Deutungen zu einem Leitprinzip der Europäischen Union. Würzburg: Ergon, 2004. p. 225-568. Nesse sentido, nota-se, pela obra citada, que solidariedade ocupa uma função estratégica de unir a diversidade em prol de um objetivo comum, a União Europeia.

[75] É um mandamento constitucional e internacional e, portanto, assume valência jurídico-positiva. Logo, não se trata de exortação moral. GIUFFRÈ, Felice. *La solidarietà nell'ordinamento costituzionale*. Milano: Giuffrè, 2002. p. 3; MELLO, Celso D. de Albuquerque. *Direito constitucional internacional*. Rio de Janeiro: Renovar, 1994. p. 118.

[76] DUGUIT, Léon. *Fundamentos do direito*. Trad. Eduardo Salgueiro. 2. ed. Lisboa: Inquérito, s.d. p. 15. Duguit adota a teoria de Durkheim (com as noções de solidariedade mecânica e orgânica). Para isso, *vide*: ZOLL, Rainer. *Was ist Solidarität heute?* Frankfurt am Main: Suhrkamp, 2000. p. 26-33; SOMMERMANN, Karl-Peter. Some reflections on the concept of solidarity and its transformation into a legal principle. In: *AVR*. Band 52, Heft 1, Tübingen: Mohr Siebeck, 2004 (März). p. 13-14; SCHOLZ, Sally J. Solidarity as a Human Right. In: *AVR*. Band 52, Heft 1, Tübingen: Mohr Siebeck, 2004 (März). p. 57; KOTZUR, Markus Tobias und SCHMALENBACH, Kirsten. Solidarity Among Nations. In: *AVR*. Band 52, Heft 1, Tübingen: Mohr Siebeck, 2004 (März). p. 68.

[77] Acentua-se, porém, a existência de outras normas de inserção do Estado brasileiro na comunidade internacional espalhadas pelo texto constitucional. São normas que incidem direta ou indiretamente nas relações internacionais. DALLARI, Pedro. *Constituição e relações exteriores*. São Paulo: Saraiva, 1994. p. 151. Contudo, a análise que aqui se realizará é específica do direito constitucional das relações internacionais.

Em termos conceituais e essencialmente o que se pensa da solidariedade é que se trata de uma atitude positiva e integrativa em face da diferença e da desigualdade, principalmente diferenciação social. Ela é um conceito vazio, pois indica o modo de proceder de forma solidária. Para substantivá-la juridicamente é preciso projetar as circunstâncias atuais e cotejá-la com atitude positiva e integrativa de requisitos de justiça social, a partir da justiça distributiva. Ter-se-ia (tem-se), contudo, instrumento para enfrentar – com a dinâmica da solidariedade – problemas como: desemprego, crise do Estado social, migração, desigualdade internacional, desequilíbrio intergeracional, dentre outros.[78]

Dessa forma, deve-se compreender – nesse momento – a solidariedade como elemento constitutivo da sociabilidade e como projeção social das ações dos indivíduos em contraposição ao ímpeto egoístico ou autorreferente. Ela estabelece uma base de união e situações estáveis sobre o alicerce da sociedade. Tende-se, assim, um fenômeno de integração, com inclinação à corresponsabilidade de realização de valores e de objetivos comuns sociais.[79] O princípio da solidariedade constitui-se em pressuposto de positivação de outros valores socialmente relevantes. Isso influencia a fundação de critérios ordenadores dos interesses convergentes com o tipo de vida social, característica da sociedade compreendida politicamente.[80] Em última instância, a solidariedade é a condição de possibilidade da coexistência entre a liberdade e a igualdade.

2.1.2.2. Dinâmica

O Estado de Direito (constitucional) solidário pressupõe participação ativa ao se relacionar com os outros Estados, as instituições internacionais ou supranacionais e organizações internacionais não estatais[81] e os cidadãos estrangeiros. Desta forma, ter-se-ia solida-

---

[78] HONDRICH, Karl Otto und KOCH-ARZBRGER, Claudia. *Solidarität in der modernen Gesellschaft*. Frankfurt am Main: Fischer Taschenbuch, 1992. p. 13 e 115-120; ZOLL, Rainer. *Was ist Solidarität heute?* Frankfurt am Main: Suhrkamp, 2000. p. 33.

[79] SOMMERMANN, Karl-Peter. Some reflections on the concept of solidarity and its transformation into a legal principle. In: *AVR*. Band 52, Heft 1, Tübingen: Mohr Siebeck, 2004 (März). p. 15.

[80] GIUFFRÈ, Felice. *La solidarietà nell'ordinamento costituzionale*. Milano: Giuffrè, 2002. p. 11-12.

[81] HÄBERLE, Peter. *Die Verfassung des Pluralismus*. Studien zur Verfassungstheorie der offenen Gesellschaft. Königstein: Athenäum, 1980. p. 302-303.

riedade *multilevel*,[82] pois se estaria interconectando diversos níveis, já que se trata de solidariedade de diferentes patamares normativos.[83] Nesse sentido, a solidariedade transcende o Estado em sua forma de manifestação e de organização, pois consiste em uma dinâmica de um plano global e um princípio do direito internacional. Isso fica evidente em casos de necessidade e de emergência. Sendo que no plano global – quando se pensa em termos internacionais – consiste na solidariedade de Estados desenvolvidos com os em desenvolvimento ou subdesenvolvidos. Isso, *e.g.*, no desenvolvimento de cooperações ou em ações humanitárias, por conseguinte, a solidariedade encontra-se em diversos contextos.[84]

A sua abertura interna é a abertura ao mundo, aos objetivos comuns na comunidade internacional. A solidariedade é o instrumento para se alcançar esses objetivos comuns com a contribuição de todos os Estados, *e.g.*, envolvidos com a Organização das Nações Unidas (ONU).[85] Ela se dá de forma política e jurídica, sendo que, como consequência, o desenvolvimento da solidariedade do Estado corresponde – em termos de distintas dimensões – o desenvolvimento da solidariedade no Direito Internacional.[86]

---

[82] É preciso levar em consideração a doutrina alemã chamada de *Verfassungsverbund* (ou *multilevel constitutionalism, unione costituzionale*). É a perspectiva pós-segunda guerra de Estado constitucional aberto e cooperativo, principalmente a de matriz *häberliana*. Essa perspectiva reflete a atual organização da União Europeia, principalmente no que tange ao princípio da subsidiariedade, sem perder a autonomia local e regional. Embora as dificuldades existentes no contexto de integração europeu, o constitucionalismo de caráter aberto e cooperativo viabiliza, em determinado grau, a integração entre realidades culturais, sociais e políticas diferentes. MARTINO, Alessandra di. *Il territorio: dallo stato-nazione ala globalizzazione*. Sfide e prospettive dello Stato costituzionale aperto. Milano: Giuffrè, 2010. p. 449-457.

[83] SOMMERMANN, Karl-Peter. Some reflections on the concept of solidarity and its transformation into a legal principle. In: *AVR*. Band 52, Heft 1, Tübingen: Mohr Siebeck, 2004 (März). p. 19; KOTZUR, Markus Tobias und SCHMALENBACH, Kirsten. Solidarity Among Nations. In: *AVR*. Band 52, Heft 1, Tübingen: Mohr Siebeck, 2004 (März). p. 70.

[84] KOTZUR, Markus Tobias und SCHMALENBACH, Kirsten. Solidarity Among Nations. In: *AVR*. Band 52, Heft 1, Tübingen: Mohr Siebeck, 2004 (März). p. 69, 71 und 72.

[85] HÄBERLE, Peter. *Die Verfassung des Pluralismus*. Studien zur Verfassungstheorie der offenen Gesellschaft. Königstein: Athenäum, 1980. p. 300-302; PIAZOLO, *Solidarität*. p. 209-210. Nesse sentido, os mandamentos da União Europeia destacam o princípio da solidariedade. *Vide*: KOTZUR, Markus Tobias und SCHMALENBACH, Kirsten. Solidarity Among Nations. In: *AVR*. Band 52, Heft 1, Tübingen: Mohr Siebeck, 2004 (März). p. 72-75.

[86] HÄBERLE, Peter. *Die Verfassung des Pluralismus*. Studien zur Verfassungstheorie der offenen Gesellschaft. Königstein: Athenäum, 1980. p. 289; SCHOLZ, Sally J. Solidarity as a Human Right. In: *AVR*. Band 52, Heft 1, Tübingen: Mohr Siebeck, 2004 (März). p. 60-61; *Vide*: MASSAÚ, Guilherme. *O princípio republicano do mundo-da-vida do Estado constitucional cosmopolita*. Ijuí: Unijuí, 2016. p. 59-64. A solidariedade apresentada nesse livro está relacionada com o princípio republicano. Ela é utilizada como uma espécie de *virtù* republicana. Tal perspectiva se inclui numa visão do direito em termos de comunidade internacional.

A solidariedade deve iniciar com os contatos pontuais que conduzem aos tratados, pactos, acordos e culmina na efetivação das obrigações internacionais assumidas. Assim a solidariedade deve estar latente no momento da efetivação dos mandamentos constitutivos dos diplomas legais internacionais. Destaca-se que o Estado solidário somente o é com participação dos outros Estados, da comunidade de Estados e das organizações internacionais. É preciso, por isso, ter na estrutura constitucional elementos de abertura à comunidade internacional, sem deixar de lado seus próprios contornos. Dessa forma, leva-se adiante o projeto de comunidade internacional, sem a possibilidade de sobreposição da esfera internacional em relação à nacional[87] e, também, a nacional mantém-se em sintonia com a internacional. Trata-se de uma dialética complexa na medida em que os interesses políticos vão se impondo.

Nesse caso, não deve existir prevalência entre o direito estatal ou internacional no Estado constitucional solidário. Ambas as dimensões devem interagir horizontalmente, mas em suas específicas atribuições e competências. Então, estar-se-ia diante da solidariedade e da abertura estatal constitucional.[88] Os instrumentos para realização da solidariedade e da abertura interna devem ser graduados e organizados conforme as especificidades das necessidades e das possibilidades. Significa considerar rever as antigas posições e instituições que conectam direito interno e externo.[89]

Destaca-se que abertura à comunidade internacional e à solidariedade são concepções chaves para Estado constitucional solidário (ou como chama Häberle, cooperativo).[90] Ela constitui-se em princípio de integração entre os diversos Estados, já que, em termos de comunidade internacional, é necessário ter objetivos em comum e uma determinada unidade, em termos gerais.[91]

É ponto nodal o problema da força jurídica das normas constitucionais, já que se está diante de normas qualificadas como

---

[87] HÄBERLE, Peter. *Die Verfassung des Pluralismus*. Studien zur Verfassungstheorie der offenen Gesellschaft. Königstein: Athenäum, 1980. p. 290.

[88] Para HÄBERLE o Art. 24 GG o exemplo do Estado constitucional cooperativo, pois se trata de uma regra e não de uma exceção. HÄBERLE, Peter. *Die Verfassung des Pluralismus*. Studien zur Verfassungstheorie der offenen Gesellschaft. Königstein: Athenäum, 1980. p. 291.

[89] HÄBERLE, Peter. *Die Verfassung des Pluralismus*. Studien zur Verfassungstheorie der offenen Gesellschaft. Königstein: Athenäum, 1980. p. 293.

[90] Idem. p. 305.

[91] Tal como se observa, de forma mais concreta, porém com alguns problemas, na União Europeia. *Vide*: PIAZOLO, Michael. *Solidarität*. Deutungen zu einem Leitprinzip der Europäischen Union. Würzburg: Ergon, 2004. p. 207-224.

supremas no âmbito da ordem jurídica do Estado de Direito constitucional, tendo todos os mandamentos força imperativa.[92] Por isso, é fundamental que as normas reitoras do Estado brasileiro indiquem e disciplinem o fundamento jurídico do Estado brasileiro perante a comunidade internacional. Passar-se-á a traçar a análise estrutural do texto do art. 4º e seus incisos. Com isso, pode-se estabelecer se se está diante normas-princípio ou normas-regra.

2.2. Texto, princípio e regra

A constituição é formada por princípios e regras, que possuem diferentes densidades semânticas[93] expressas no texto constitucional. Dessa forma, a Constituição brasileira é um sistema de normas assentadas em princípios estruturantes fundamentais e subprincípios e regras. Por conseguinte, *e.g.*, o princípio do Estado de Direito (acima traçado) é estruturante fundamental. Tais princípios estabelecem as diretivas fundamentais da ordem constitucional.[94] Os demais princípios (ou subprincípios – gerais e especiais) e regras densificam e especificam os princípios fundamentais estruturantes. Por isso, cabe, antes de se adentrar na análise dos incisos do art. 4º da CF, diferenciar texto, princípio e regra no que se refere ao citado artigo. Dessa forma, poder-se-á visualizar com clareza as diferenças e, com isso, retirar com maior precisão os limites normativos de eficácia e de efetividade.

2.2.1. Texto

A manifestação jurídica, como fenômeno, realiza-se por meio da *lexiologia jurídica*, cuja principal fonte é o idioma nacional. O interesse pelo significado das palavras empregadas na formulação dos textos jurídicos (aspecto lógico) e na dos vocábulos (aspectos histó-

---

[92] SARLET, Ingo Wolfgang. Eficácia e aplicabilidade das normas constitucionais. In: ——; MARINONI, Luiz Guilherme; MITIDIERO, Daniel. *Curso de direito constitucional*. 3. ed. São Paulo: Revista dos Tribunais, 2014. p. 169 e 176.

[93] A significação das palavras e dos textos compõe parte incontornável da interpretação, com o encontro do sentido da norma. Ignorar esse elemento é, em grande medida, desconhecer o funcionamento do sistema jurídico brasileiro. É preciso reconhecer que toda a norma tem sua semântica. *Vide*: ALEXY, Robert. *Theorie der Grundrechte*. Frankfurt am Main: Suhrkamp, 1994. p. 49-50.

[94] CANOTILHO, José Joaquim Gomes. *Direito constitucional e teoria da constituição*. 5. ed. Coimbra: Almedina, 2002. p. 1157-1158.

ricos, etimológicos e/ou semânticos) é fundamental para a interpretação. Os termos utilizados no contexto jurídico, normalmente, são de uso comum e consolidados na literatura especializada. Todavia, devido ao contexto contemporâneo, torna-se necessário adequar palavras e/ou expressões idiomas estrangeiros ou/e recorrer aos principais idiomas formadores do português (latim e grego) para dar sentido e comunicabilidade aos novos fatos (sentido amplo) e coisas que surgem.[95]

Os textos jurídicos, parte relevante da manifestação jurídica, aparecem em forma de discursos sujeitos às regras da linguagem, no caso brasileiro, o português. A linguagem é instrumento do Direito. Instrumento que viabiliza ao jurista o conhecimento do mundo por meio do seu vocabulário e sintaxe. Dessa forma, a linguagem constitui-se em parte do conhecimento jurídico. Se o direito tem a função de regular o comportamento humano, cabe a ele comunicar seus comandos ao ser humano.[96]

O texto é a manifestação escrita e objetiva das regras e dos princípios.[97] Por conseguinte, ao se falar em texto legal, está-se referindo ao conjunto de palavras ou frases que é designado por um artigo numerado ou corresponde a todo o texto de diploma legal cujo enunciado possui linguagem normativa prescritiva ou diretiva.[98] No texto normativo, apresenta-se o enunciado do *suporte fático*, a chamada literalidade da lei (ou constituição). Trata-se da situação de fato contida no enunciado do texto normativo. É a partir do texto normativo que o intérprete (no sentido da pluralidade de intérpretes de Häberle) chegará à norma jurídica, que poderá ser expressa em forma de princípio ou de regra. Por conseguinte, o enunciado contido no texto, a situação fática, é uma seleção de multiplicidade dentre inúmeras situações fáticas possíveis, sendo as de relevância[99] sociopolítica as abarcadas pelo *suporte fático*. Tanto que a função

---

[95] MANSO, Eduardo Vieira. O léxico jurídico. In: *Forense*. a. 81, v. 291, Jul./Set. de 1985, Rio de Janeiro: Forense. p. 111.

[96] Ibidem.

[97] GUASTINI, Ricardo. *Le fonti del diritto*. Fundamenti teorici. Milano: Giuffrè, 2010. p. 201. Parafraseando Kaufmann que se refere à filosofia, sem linguagem o direito é impossível, ele vive na linguagem e ela é o instrumento de seu pensar. KAUFMANN, Arthur. *Wozu Rechtsphilosophie heute?* Frankfurt am Main: Athenäum, 1971. p. 31. Está aí a importância da linguagem do texto constitucional para o direito.

[98] GUASTINI, Ricardo. *Le fonti del diritto*. Fundamenti teorici. Milano: Giuffrè, 2010. p. 3-4.

[99] LARENZ, Karl. *Metodologia da ciência do direito*. Trad. José Lamego. 3. ed. Lisboa: Fundação Calouste Gulbenkian, 1997. p. 391; ÁVILA, Humberto. *Teoria dos princípios* da definição à aplicação dos princípios jurídicos. 13. ed. São Paulo: Malheiros, 2012. p. 43; ALEXY, Robert. *Theorie der Grundrechte*. Frankfurt am Main: Suhrkamp, 1994. p. 44-45.

negativa do texto normativo é afastar os sentidos que não tenham correspondência com as palavras do próprio texto. Contudo, ressalta-se que do texto se pode retirar mais de uma norma, conforme as compreensões que o(s) intérprete(s)[100] tenha(m) do texto.

No que se refere ao art. 4º da CF, as situações fáticas abarcadas envolvem as relações internacionais do Estado brasileiro. Porém, o texto deixa aberto para abarcar todos os tipos de relações que um Estado pode ter no âmbito internacional. Também é preciso levar em consideração que o seu texto com a semântica prescritiva,[101] como *suporte fático*, encontra-se dividido em duas partes. A primeira condiz ao *caput* em que possui o verbo no imperativo no sentido de um dever,[102] e não uma faculdade: *A República Federativa do Brasil rege-se*[103] *nas suas relações internacionais pelos seguintes princípios...* Retira-se o seguinte discurso normativo:[104] *A República Federativa deve ser regida nas suas relações internacionais pelos seguintes princípios [...].*[105] Dessa forma, diz-se que o Estado brasileiro se subordina aos princípios das relações internacionais quando nas circunstâncias de relações internacionais.[106]

A segunda parte se desdobra em dez incisos e onze princípios, pois o inciso VIII divide-se em dois. Nota-se que nos incisos encontram-se os predicados, já que o sujeito e o verbo estão expressos no *caput*. O texto constitucional apoia-se em um conjunto de predicativos para orientar a política internacional do Estado brasileiro.

---

[100] MACHADO, João Baptista. *Introdução ao direito e ao discurso legitimador*. Coimbra: Almedina, 2002. p. 182.

[101] GUASTINI, Ricardo. *Le fonti del diritto*. Fundamenti teorici. Milano: Giuffrè, 2010. p. 7-8.

[102] RECASENS SICHES, Luis. *Introducción al estudio del derecho*. 16. ed. México D.C.: Porrúa, 2009. p.122-124. Trata-se de uma subordinação. SILVA, José Afonso. *Comentário contextual à constituição*. 7. ed. São Paulo: Malheiros, 2010. p. 52.

[103] "*Reger*... 1 Governar, administrar, dirigir... 2 Exercer, como rei, o governo de; ... 3 Nas monarquias, exercer regência... 4 Exercer as funções de professor de; ensinar, lecionar... 5 Ter como dependente; subordinar... 6 Determinar a flexão de... 7 Dirigir (orquestra, banda ou outro conjunto), mercando o andamento, as entradas etc... 10 Exercer o mister de rei ou governador... 12 Governar-se, dirigir-se, regular-se...". FERREIRA, Aurélio Buarque de Holanda. *Novo Aurélio século XXI*: o dicionário da língua portuguesa. 3. ed. Rio de Janeiro: Nova Fronteira, 1999. p. 1731.

[104] GUASTINI, Ricardo. *Le fonti del diritto*. Fundamenti teorici. Milano: Giuffrè, 2010. p. 6-8.

[105] O texto normativo retira-se que todas as atuações dos representantes do Estado brasileiro em termos de relações internacionais devem estar em consonância com os princípios do Art. 4º CF; ou é vedado aos representantes do Estado brasileiro quando em relações internacionais irem de encontro aos princípios do Art. 4º da CF. *Vide*: ALEXY, Robert. *Theorie der Grundrechte*. Frankfurt am Main: Suhrkamp, 1994. p. 42-44.

[106] SILVA, José Afonso. *Comentário contextual à constituição*. 7. ed. São Paulo: Malheiros, 2010. p. 52.

O texto prescritivo, vertido em termos gerais e abstratos,[107] contém todos os elementos formais e materiais para guiar o intérprete nos limites negativos da política a ser adotada nas relações internacionais.

Destaca-se a amplitude dos significados dos predicativos contidos nos incisos. Eles conduzem a uma série de possibilidades quando pensados com sabe no caso concreto e nas circunstâncias postas ao Estado brasileiro. Isso faz com que o *suporte fático* a incidir seja interpretado em limites e/ou graus específicos, *e.g.*, seria preciso determinar o que poria em risco a independência nacional (inciso I) ou em que grau ou circunstâncias se estaria diante da desigualdade entre os Estados (inciso V). Em certos casos limites, tais conceitos podem estar evidenciados, porém em outros (não limites) complica-se encontrar um consenso.[108] Contudo, os respectivos significados de conteúdo podem ser determináveis pela doutrina ou jurisprudência (nacional e internacional).[109]

Contudo, destaca-se que o desdobramento em duas partes do texto constitucional não significa a previsão da *consequência jurídica*, mas as duas partes formam o *suporte fático*,[110] que interpretado redunda na norma jurídica. A(s) consequência(s) jurídica(s) quando violada a prescrição jurídica não estão diretamente explicitas. Desta forma, para se estabelecer as consequências jurídicas é preciso considerar a constituição e o ordenamento jurídico como um todo sistemático.[111]

2.2.2. Princípio e regra

É preciso saber qual o tipo de norma o texto constitucional expressa,[112] justamente pelo fato de o sistema jurídico compor-se de princípios e de regras. O próprio *caput* do artigo pré-anuncia de que

---

[107] GUASTINI, Ricardo. *Le fonti del diritto*. Fundamenti teorici. Milano: Giuffrè, 2010. p. 15-16.

[108] *Vide*: MELLO, Celso Antônio Bandeira de. *Discricionariedade e controle judicial*. 2. ed. São Paulo: Malheiros, 2012. p. 23.

[109] SILVA, José Afonso. *Comentário contextual à constituição*. 7. ed. São Paulo: Malheiros, 2010. p. 52.

[110] *Vide*: ZIPPELIUS, Reinhold. *Einführung in das Recht*. 3. Aufl. Heidelberg: C.H. Muller, 2000. p. 32-36.

[111] *Vide*: FREITAS, Juarez. *A interpretação sistemática do direito*. 5. ed. São Paulo: Malheiros, 2010. p. 185-226.

[112] CANOTILHO, José Joaquim Gomes. *Direito constitucional e teoria da constituição*. 5. ed. Coimbra: Almedina, 2002. p. 1143.

tipo de norma se trata. No entanto, cabe distinguir se se está de fato diante de regra ou de princípio.

Os princípios possuem graus de abstração e generalidade[113] elevados em relação à regra. Pode-se identificar essa característica no art. 4º da CF e seus incisos. Tais como outras manifestações jurídico-normativas, os princípios incidem no espaço e no tempo a que se destinam. São elementos normativos diretores de relações jurídicas existentes ou possíveis,[114] pois indicam, como norma de eficácia imediata, o fundamento/diretriz para o aplicador do direito.[115] Nenhum dos incisos explicita exatamente sua concretude fática, mas remete a expressões de compreensão ampla e que, de certa forma, necessita do caso concreto e da atividade do intérprete para determiná-los. Se estivesse perante regras, saber-se-ia com maior exatidão o que seria, *e.g.*, as situações de *prevalência de direitos humanos* ou *repúdio ao racismo*. Com isso, recai outra característica dos incisos, a sua determinabilidade na aplicação do caso concreto. Os princípios por serem vagos e indeterminados[116] carecem de mediações concretizadoras. As regras não necessitam dessa mediação concretizadora, são aplicadas de forma direta. O caso dos incisos do art. 4º da CF exige a mediação da compreensão, do conhecimento e do trabalho de preenchimento de sentidos do intérprete para tornar concreto o sentido,[117] *e.g.*, da *independência nacional* e da *autodeterminação dos povos*. Nenhum dos incisos possui conceito normativo na constituição e legislação.

---

[113] CANOTILHO, José Joaquim Gomes. *Direito constitucional e teoria da constituição*. 5. ed. Coimbra: Almedina, 2002. p. 1144; ALEXY, Robert. *Theorie der Grundrechte*. Frankfurt am Main: Suhrkamp, 1994. p. 92-93; GUASTINI, Ricardo. *Le fonti del diritto*. Fundamenti teorici. Milano: Giuffrè, 2010. p. 203.

[114] LARENZ, Karl. *Derecho justo*. Fundamentos de etica juridica. Trad. Luis Díez-Picazo. Madrid: Civitas, 2001. p. 32-33; BONAVIDES, Paulo. *Curso de direito constitucional*. 19. ed. São Paulo: Malheiros, 2006. p. 256-272.

[115] ÁVILA, Humberto. *Teoria dos princípios* da definição à aplicação dos princípios jurídicos. 13. ed. São Paulo: Malheiros, 2012. p. 43; é preciso refletir sobre as críticas do autor nas p. 44-48. No caso dos princípios do Art. 4º da CF, como se irá mostrar, são, da mesma forma, aplicados como regras de incidência imediata, salvo o inciso X do citado artigo, quando se refere ao processo de concessão de asilo político e não à defesa do instituto. *Vide*: ALEXY, Robert. *Theorie der Grundrechte*. Frankfurt am Main: Suhrkamp, 1994. p. 90-91.

[116] Embora sendo princípios com certo grau de indeterminação, algum conteúdo eles possuem de determinável, apresentando densidade mínima, caso contrário não possuiriam sentido. MELLO, Celso Antônio Bandeira de. *Discricionariedade e controle judicial*. 2. ed. São Paulo: Malheiros, 2012. p. 28-29; *Vide*: GUASTINI, Ricardo. *Le fonti del diritto*. Fundamenti teorici. Milano: Giuffrè, 2010. p. 202.

[117] CANOTILHO, José Joaquim Gomes. *Direito constitucional e teoria da constituição*. 5. ed. Coimbra: Almedina, 2002. p. 1144.

Outra característica dos princípios é a fundamentalidade.[118] Logo, eles são normas de natureza estruturante, como as que se encontram nos primeiros artigos da Constituição brasileira. São fundamentos valorativos estruturantes da política externa do Estado brasileiro na medida em que ditam os valores internacionais fundamentais adotado pelo Estado. A partir dessa estrutura ou fundamento ergue-se a política brasileira das relações internacionais. Por conseguinte, as opções políticas devem permanecer limitadas ao âmbito de abrangência dos dez incisos. As regras fundamentam-se na natureza dos princípios. Elas originar-se-ão das opções políticas do Estado brasileiro quando em plena relação internacional. Os princípios são *standards* radicados na ideia de justiça, como se pode retirar dos valores impregnados nos incisos do artigo em análise. As regras podem ser normas vinculativas com caráter funcional,[119] ou seja, tornam operativos os valores e princípios dos dez incisos.

Em termos de aplicação, os princípios apresentam-se como normas jurídicas impositivas. Possuem vários graus de concretização, conforme a condição fática e jurídica que se lhe apresenta. As regras são normas prescritivas de uma exigência (impõem, permitem ou proíbem) de tudo ou nada. Nesse sentido, em caso de colisão entre princípios, pode-se ponderar e graduar a aplicação de cada um, no caso de antinomia (conflito), uma regra prevalece sobre a outra de forma a torná-la inválida[120] ou abrir uma exceção.[121] A diferença está na existência de invalidade entre princípios. Se o Estado brasileiro, *e.g.*, optar pela *independência nacional* em detrimento da *solução pacífica dos conflitos*, quando está sendo agredido militarmente, não se pode negar a validade do último princípio, embora não se aplique ao caso hipotético citado. Existe a ponderação e a prevalência de um dos princípios sobre o outro conforme o caso concreto exige.[122]

---

[118] ALEXY, Robert. *Theorie der Grundrechte*. Frankfurt am Main: Suhrkamp, 1994. p. 91-92; GUASTINI, Ricardo. *Le fonti del diritto*. Fundamenti teorici. Milano: Giuffrè, 2010. p. 205.

[119] CANOTILHO, José Joaquim Gomes. *Direito constitucional e teoria da constituição*. 5. ed. Coimbra: Almedina, 2002. p. 1144.

[120] Idem. p. 1145.

[121] ÁVILA, Humberto. *Teoria dos princípios* da definição à aplicação dos princípios jurídicos. 13. ed. São Paulo: Malheiros, 2012. p. 59.

[122] ALEXY, Robert. *Theorie der Grundrechte*. Frankfurt am Main: Suhrkamp, 1994. p. 78-79; ÁVILA, Humberto. *Teoria dos princípios* da definição à aplicação dos princípios jurídicos. 13. ed. São Paulo: Malheiros, 2012. p. 56.

Se fosse regra, a coexistência das duas não seria logicamente possível.[123]

Os princípios possuem mandamento de otimização, *prima facie* ilimitados.[124] Dessa forma, os princípios impõem a realização de algo na máxima medida, de acordo com as possibilidades fáticas e jurídicas existentes. Ao contrário das regras, os princípios podem ser realizados em diferentes graus de intensidade.[125] Contudo, para serem concretizados, necessitam de determinado preenchimento de *concretude* (do Legislador, do Administrador ou do Julgador).[126] Eles possuem a natureza normogenética, na medida em que são fundamento de regras ou constituem-se em *ratio* das regras jurídicas.[127] Isso condiz com o *caput* do art. 4º da CF quando designa a regência dos princípios, nele contido, às relações internacionais do Estado brasileiro. Eles funcionam, *prima facie*, como critérios de integração e de interpretação, pois atribuem coerência ao sistema constitucional e jurídico como um todo.[128]

Trata-se de princípios positivados abertos para a possibilidade de realização do direito com a interpretação do órgão competente,[129] e dos órgãos fiscalizadores. São dispositivos normativos que escapam do esquema positivista do texto como programa condicional

---

[123] ALEXY, Robert. *Theorie der Grundrechte*. Frankfurt am Main: Suhrkamp, 1994. p. 77-78; para análise crítica, *vide*: ÁVILA, Humberto. *Teoria dos princípios* da definição à aplicação dos princípios jurídicos. 13. ed. São Paulo: Malheiros, 2012. p. 57-70.

[124] SILVA, Virgílio Afonso da. *Direitos fundamentais* conteúdo essencial, restrições e eficácia. 2. ed. São Paulo: Malheiros, 2010. p. 44 e 140; ALEXY, Robert. *Theorie der Grundrechte*. Frankfurt am Main: Suhrkamp, 1994. p. 88; LEIVAS, Paulo Gilberto Cogo. *Teoria dos direitos fundamentais sociais*. Porto Alegre: Livraria do Advogado, 2006. p. 59. Segundo ÁVILA, o elemento *prima facie* não é definitório dos princípios, isso pelo fato de não se apresentar em todos. ÁVILA, Humberto. *Teoria dos princípios* da definição à aplicação dos princípios jurídicos. 13. ed. São Paulo: Malheiros, 2012. p. 130; DALLARI, Pedro. *Constituição e relações exteriores*. São Paulo: Saraiva, 1994. p. 19; CANOTILHO, José Joaquim Gomes. *Direito constitucional e teoria da constituição*. 5. ed. Coimbra: Almedina, 2002. p. 1145.

[125] SILVA, Virgílio Afonso da. *Direitos fundamentais* conteúdo essencial, restrições e eficácia. 2. ed. São Paulo: Malheiros, 2010. p. 46; ALEXY, Robert. *Theorie der Grundrechte*. Frankfurt am Main: Suhrkamp, 1994. p. 75-76.

[126] ÁVILA, Humberto. *Teoria dos princípios* da definição à aplicação dos princípios jurídicos. 13. ed. São Paulo: Malheiros, 2012. p. 482; ÁVILA, Humberto. *Teoria dos princípios* da definição à aplicação dos princípios jurídicos. 13. ed. São Paulo: Malheiros, 2012. p. 48.

[127] CANOTILHO, José Joaquim Gomes. *Direito constitucional e teoria da constituição*. 5. ed. Coimbra: Almedina, 2002. p. 1145.

[128] SILVA, José Afonso da. *Curso de direito constitucional positivo*. 16. ed. São Paulo: Malheiros, 1999. p. 100.

[129] HÄBERLE, *Die Verfassung des Pluralismus*. p. 7; CANARIS, Claus-Wilhelm. *Pensamento sistemático e conceito de sistema na ciência do direito*. Trad. António Menezes Cordeiro. 2. ed. Lisboa: Fundação Calouste Gulbenkian, 1996. p. 83; GUASTINI, Ricardo. *Le fonti del diritto*. Fundamenti teorici. Milano: Giuffrè, 2010. p. 204.

de *suporte fático jurídico* e *de consequências jurídicas*, pois o esquema *como se* (*als...ob*) torna-se inoperante e desligado quando dissonante com as realidades sociais e valorativas.[130] Abre-se, por conseguinte, mais espaço para a *ratio* de inclusão de possibilidade *'Sowohl--als-Auch'* (*tanto...quanto*) do que a *ratio* excludente de possibilidade de aplicação *'Entweder-Oder'* (*ou...ou*). Isso representa a abertura constitucional, estatal e social[131] que a Constituição possibilitou com seus princípios em geral e com os do art. 4º da CF, especificamente. São limites, mas de amplitudes acentuadas. Como destacado, são expressões da tradição brasileira nas relações internacionais, além de serem manifestações dos valores que regem a comunidade internacional. É o reconhecimento do Estado constitucional de uma realidade complexa em contexto global.

Em termos gerais, os princípios – fundamentalmente os definidores da estrutura política do Estado[132] – apresentam grau de importância singular no ordenamento jurídico, a partir dos valores que emanam.[133] Além do conteúdo valorativo, os princípios do art. 4º da CF – diga-se princípios constitucionais especiais – densificam os princípios estruturantes da ordem jurídica[134] do Estado brasileiro. Junto com os três primeiros artigos, o art. 4º da CF compõe as diretrizes normativas específicas do Estado, determinando-lhe o modo de *ser* e *agir*. Conjuntamente com os princípios estruturantes, os princípios das relações internacionais contribuem para a obten-

---

[130] CANOTILHO, *Constituição dirigente e vinculação do legislador*. p. 196; CANOTILHO, *Direito constitucional e teoria da constituição*. p. 1147.

[131] HÄBERLE, *Die Verfassung des Pluralismus*. p. 8-9; HÄBERLE, *Verfassungsvergleichung in europa- und weltbürgerlicher Absicht*. p. 123.

[132] SILVA, José Afonso da. *Curso de direito constitucional positivo*. 16. ed. São Paulo: Malheiros, 1999. p. 98; SILVA, José Afonso da. *Comentário contextual à constituição*. 7. ed. São Paulo: Malheiros, 2010. p. 31. Embora os princípios das relações internacionais tenham um caráter estruturante (ou princípios políticos constitucionalmente conformadores), também possuem a qualidade de impositivos, pois impõem aos órgãos do Estado, legislativo e executivo, a realização de uma tarefa, nesse caso a regência nas relações internacionais pelos valores indicados pelos incisos. CANOTILHO, José Joaquim Gomes. *Direito constitucional e teoria da constituição*. 5. ed. Coimbra: Almedina, 2002. p. 1150-1151.

[133] O caráter deontológico dos princípios do Art. 4º da CF estão situados na obrigatoriedade da adoção de condutas necessárias para efetivar a prescrição da letra do *suporte fático*. Dessa forma, não são meros valores, que atribuem qualidade positiva aos elementos prescritos. ÁVILA, Humberto. *Teoria dos princípios* da definição à aplicação dos princípios jurídicos. 13. ed. São Paulo: Malheiros, 2012. p. 87.

[134] ZAGREBELSKY, Gustavo. *El derecho dúctil*. Ley, derechos, justicia. Trad. Marina Gascón. 4. ed. Madrid: Trotta, 2002. p. 110; *vide*: em relação aos princípios gerais de Direito expressos, BOBBIO, Norberto. *Teoria do ordenamento jurídico*. Trad. Maria Celeste Cordeiro Leite dos Santos. 10. ed. Brasília: UnB, 1997. p. 156-160; CANOTILHO, José Joaquim Gomes. *Direito constitucional e teoria da constituição*. 5. ed. Coimbra: Almedina, 2002. p. 1144.

ção dos postulados fundamentais e dos objetivos constitucionais. Tem como função e finalidade orientar a unidade jurídica da Constituição e guiar o interprete dos órgãos dos Poderes Legislativo, Judiciário e Executivo nas suas ações constitucionais, aumentando a eficácia do sistema.[135]

2.2.3. Âmbito de incidência dos princípios

O âmbito de incidência dos princípios do art. 4º da CF restringe-se aos atos do Estado brasileiro relativos às relações internacionais. Todo ato do Estado brasileiro relativo a essas relações sofre a incidência dos citados princípios constitucionais. O que, então, tratava-se de um ato/fato político, com a incidência de princípio jurídico, juridiciza-se o ato/fato transformando-o em ato/fato jurídico.[136]

2.2.4. Abrangência espacial e temporal

A norma do art. 4º da CF pertence espacialmente ao direito interno – *intraestatal*[137] –, porém seus efeitos também devem se estender ao âmbito externo do Estado, ou seja, à esfera internacional, na media em que o Poder Executivo da União atue nas relações internacionais. Trata-se, indiretamente, da constitucionalização do Direito Internacional,[138] já que se trata de extensões normativas extraterritoriais. É norma destinada a estabelecer diretriz-normativa – de caráter genérico – aos representantes brasileiros, conforme sua competência, atuarem nas relações internacionais. Sendo que os seus efeitos normativos se restringem aos mesmos e não atingem os Estados estrangeiros. Logo, não é uma declaração de princípios, mas princípios vigentes e cogentes. No entanto, sua origem e sua localização no sistema jurídico são constitucionais. No âmbito

---

[135] BULOS, Uadi Lammêgo. *Curso de direito constitucional*. 4. ed. São Paulo: Saraiva, 2009. p. 409; no mesmo sentido: AGRA, Walber de Moura. *Curso de direito constitucional*. 2. ed. Rio de Janeiro: Forense, 2007. p. 84.

[136] NEVES, Marcelo da Costa Pinto. Incidência da norma jurídica e o fato jurídico. In: *RIL*. a. 21, n. 84, out./dez. 1984. Brasília: Senado Federal. p. 272.

[137] PONTES DE MIRANDA, *Comentários à constituição de 1946*. v. I. p. 66.

[138] PIOVESAN, Flávia. Comentário ao artigo 4º inciso II. In: CANOTILHO, J.J. Gomes; MENDES, Gilmar; SARLET, Ingo W.; STRECK, Lenio L. (Coords.). *Comentários à Constituição do Brasil*. São Paulo: Saraiva/Almedina, 2013. p. 155.

interno, também, servem de parâmetro para o Poder Legislativo internalizar direito internacional e para o Poder Judiciário decidir sobre constitucionalidade de normas de direito internacional internalizadas.

Em face da abrangência temporal,[139] o art. 4º entrou em vigor com a CF de 1988 e permanecerá até a sua revogação ou a revogação da Constituição,[140] por ser tratar de princípios fundamentais constitucionais. É devido denunciar tratado firmado antes da constituição de 1988, que viole os princípios regentes das relações internacionais. Nesse caso, há aplicação da teoria da recepção. Não existe motivo para suscitar retroatividade das normas constitucionais, justamente em respeito ao art. 5º, XXXVI, da CF.[141]

Dessa forma, embora se possa citar e problematizar a partir de diferentes concepções, ter-se-á como pressuposto, para esse trabalho, o primado do direito estatal em relação ao direito externo (internacional), pelo fato da perspectiva da ideia da soberania.[142] Por conseguinte, as normas de direito interno orientam o Estado brasileiro a participar na elaboração e a adotar as normas de direito internacional. Nesse sentido, o direito interno estabelece a competência legislativa.[143]

2.2.5. Envergadura substancial

As consequências normativas que podem ser extraídas do art. 4º da CF são criadoras (i)mediatas de situações jurídicas, diga-se situações de direito internacional. Trata-se de direito substancial.[144] Além de ter uma dimensão substancial, possui a dimensão de *sobredireito* constitucional na medida em se encontra na Constituição e

---

[139] Vide: GUASTINI, Ricardo. *Le fonti del diritto*. Fundamenti teorici. Milano: Giuffrè, 2010. p. 279-293.

[140] BULOS, *Curso de direito constitucional*. p. 379.

[141] Vide: MACHADO, João Baptista. *Introdução ao direito e ao discurso legitimador*. Coimbra: Almedina, 2002. p. 227-228.

[142] Tem-se a noção de que a soberania nos moldes clássicos é indefensável, por conseguinte, não se deve compreender como a clássica, mas a soberania contemporânea que, embora relativizada pelas influências do direito internacional, ainda qualifica o Estado como autônomo.

[143] PONTES DE MIRANDA, *Comentários à constituição de 1946*. v. I. p. 67-69 e 77.

[144] Tais princípios fazem parte da denominada constituição material. SARLET, Ingo Wolfgang. Teoria da constituição e do direito constitucional. In: ——; MARINONI, Luiz Guilherme; MITIDIERO, Daniel. *Curso de direito constitucional*. 3. ed. São Paulo: Revista dos Tribunais, 2014. p. 91.

estabelece critérios gerais norteadores de decisão aos representantes brasileiros na esfera internacional. São princípios que norteiam as políticas internacionais do Estado, e não de governo. Tais representantes devem guiar suas decisões com base no contexto hermenêutico de critério de interpretação[145] por serem princípios regentes das relações internacionais do Estado brasileiro. Dessa forma, é elemento *a priori* em relação a outros princípios e regras. Contradizer o art. 4º, e seus incisos, da CF é ingressar no espaço de inconstitucionalidade, ferindo seu âmbito de proteção.[146]

São normas constitucionais materiais, pois expressam a ideia de direito do regime adotado e/ou fundamentam a decisão constituinte.[147] Não se considera a norma do art. 4º da CF programática por entender que seus efeitos são imediatos, sem se ter a necessidade de complementação infraconstitucional. Os efeitos imediatos que a norma produz são os limites traçados pelos princípios regentes das relações internacionais.

2.2.6. Direito cogente

Como se trata de uma norma constitucional que estabelece os princípios normativos que o Estado brasileiro utiliza como norte em suas relações internacionais, assim, pode-se considerá-la, também, uma norma jurídica imperativa.[148] É uma norma que não deixa margem ao agente representante do Brasil adotar postura diversa[149] ou a torne omissa em sua normatividade. Sua aplicabilidade deve ser de ofício.

Em termos de imperatividade eficacial, o art. 4º da CF se caracteriza pelo seu caráter mandatório.[150] O *caput* do referido artigo determina que as relações internacionais regem-se pelos princípios ali constantes. O Constituinte não facultou, mas determinou a regência, ou seja, não se trata de opção política.

---

[145] PONTES DE MIRANDA, *Comentários à constituição de 1946*. v. I. p. 74-75.

[146] SILVA, Virgílio Afonso da. *Direitos fundamentais* conteúdo essencial, restrições e eficácia. 2. ed. São Paulo: Malheiros, 2010. p. 72-73.

[147] BASTOS, *Curso de direito constitucional*. p. 57; BARROSO, *O direito constitucional e a efetividade de suas normas*. p. 75.

[148] PONTES DE MIRANDA, *Comentários à constituição de 1946*. v. I. p. 91.

[149] BARROSO, *O direito constitucional e a efetividade de suas normas*. p. 75.

[150] BULOS, *Curso de direito constitucional*. p. 389.

2.2.7. Dimensão de completude

Chama-se aqui dimensão de completude aquelas normas jurídicas que por si só são compreendidas dentro do seu contexto de realidade, sem que necessite de algum complemento legal ou arbitrário.[151] Nesse sentido, a norma se encontra apta para ser aplicada sem que o aplicador tenha a opção de não segui-la ou optar por outra norma ou outro caminho, que não o estabelecido pela norma. Nesse caso, o art. 4º da CF com seus incisos não necessita de complementos em *si* para que sejam aplicados nem são opções. Por serem princípios e possuírem abertura[152] – e apresentarem alta densidade normativa – caberá ao Poder e Órgão exercer sua competência atuando nas relações internacionais com observância dos princípios constitucionais, determinando-os por meio de suas decisões. Isso, por si só, constitui-se em aplicação constitucional.

---

[151] PONTES DE MIRANDA, *Comentários à constituição de 1946*. v. I. p. 97.
[152] *Vide*: BASTOS, *Curso de direito constitucional*. p. 89. É preciso levar em consideração a diferenciação que o autor faz entre norma e princípio. p. 90, e situar na diferenciação com o Sarlet (autor base desse texto).

3. A gênese dos princípios que regem as relações internacionais do Estado brasileiro[153]

Esse tópico tem como finalidade conhecer o processo e os motivos pelos quais o legislador constituinte da Carta Magna de 1988 estabeleceu o art. 4º da CF. Não se trata de destacar ou invocar a interpretação subjetiva[154] ao encontrar a vontade do legislador. Contudo, serve para conhecer os trabalhos preparatórios (*travaux préparatoires*) que culminaram na redação do artigo referido. Considera-se importante na construção e compreensão da *constituição não escrita*, àquela que se projeta a partir do preenchimento das lacunas e da compreensão/interpretação/aplicação da *constituição escrita* (texto constitucional).[155]

Com isso, ter-se-ão mais informações sobre a função dos princípios constantes do art. 4º da CF,[156] oferecendo aos intérpretes

---

[153] A ideia de gênese dos princípios que regem as relações internacionais não tem o objetivo de analisar ou refletir sobre a formação da constituinte e os confrontos de interesses e poderes que ocorreram até sua institucionalização. Busca-se aqui compreender argumentos e posicionamentos relativos ao estabelecimento do art. 4º e seus princípios na CF de 88.

[154] O enfoque genético constitui-se em um método restrito de compreensão e interpretação da norma jurídica, ou seja, é interpretação restrita, já que na época da feitura e promulgação da constituição a intenção do que se queria proteger era mais restrita. Isso decorre das inúmeras transformações que ocorreram desde então. Destarte, é um método conservador e restritivo. SILVA, Virgílio Afonso da. *Direitos fundamentais*: conteúdo essencial, restrições e eficácia. 2. ed. São Paulo: Malheiros, 2010. p. 95-96.

[155] HESSE, *Grundzüge des Verfassungsrechts der Bundesrepublik Deutschland*. p. 14-15.

[156] Nas constituições brasileiras anteriores encontram-se artigos que normatizavam, de alguma forma, as relações internacionais: art. 102, IX (1824), art. 34, 11, 12, 19, 27 e 32, art. 48, 7º, 8º e 14 (1891), art. 4º, art. 5º, I, II, III, V, XVIII, XIX, *g*, art. 40, *a*, *b* e *e*, art. 56, 5º, 9º, 10 e 11 (1934), art. 15, I, II, IV e XI, art. 16, II e XXV, art. 74, *c*, *d*, *g*, *h* e *n* (1937), art. 4º, Art. 5º, I, II, III, V e XIV, art. 66, I, II, III e V, art. 87, VI, VII, VIII e IX (1946), art. 7º, art. 8º, I, II, III, V e XVI, art. 46, VIII, art. 47, I e II, art. 83, VIII, IX, X, XI e XII (1967) e art. 7º, Art. 8º, I, II, III, VI e XVI, art. 43, VIII, art. 44, I e II, art. 81, VIII, XI, X, XI e XII (1969). CAMPANHOLE, Adriano e CAMPONHOLE, Hilton Lobo. *Constituições do Brasil*. 9. ed. São Paulo: Atlas, 1986.

amplos elementos para se guiarem no momento da concretização constitucional, além da doutrina, jurisprudência, costume e texto constitucional. Isso se aplica aos poderes constituídos (Executivo, Legislativo e Judiciário) na medida de suas competências e oportunidades. Trata-se do reconhecimento da existência de finalidade por de trás da constitucionalização desses princípios, pois toda norma jurídica (regra e princípio) possui um propósito a satisfazer uma necessidade prática, fazer com que a conduta dos representantes do Estado brasileiro (interna e externamente) esteja de acordo com os valores principiológicos do citado artigo.[157]

O Estado brasileiro, após vinte e cinco anos de regime militar e quase doze anos de um processo de abertura *lenta e gradual*,[158] atravessava um período de arrefecimento de regime discricionário e autoritário sujeito à normatividade constitucional excepcional. Manifestavam-se movimentos sociais em favor da mudança e redemocratização e, com isso, a vontade de se ter uma nova ordem jurídica fundada sob as bases de nova constituição. A exigência da estruturação de nova realidade constitucional, gradualmente, tornou-se incontornável, culminando, assim, no processo constituinte que resultou na Constituição de 88.[159] A CF de 88 refletiu muitos anseios populares e alberga normas essenciais que influenciaram alguns países latino-americanos.[160] O processo constituinte formou-se por forças políticas que apresentavam características diversas, ou seja, era uma pluralidade política e ideológica, exigindo cidadania no sentido de participação ativa na vida política do Estado brasileiro. Isso matiza a Constituição de ineditismo por um lado, mas abre espaço para críticas, por outro lado.[161]

O art. 4º da CF tem sua gênese nos trabalhos da Assembleia Nacional Constituinte.[162] Trata-se de um artigo singular na história

---

[157] RECASENS SICHES, Luis. *Introducción al estudio del derecho*. 16. ed. México D.C.: Porrúa, 2009. p. 121 e 122.

[158] BARROSO, *O direito constitucional e a efetividade de suas normas*. p. 40.

[159] BARBOSA, Leonardo Augusto de Andrade. *História constitucional brasileira: mudança constitucional, autoritarismo e democracia no Brasil pós-1964*. Brasília: Câmara dos Deputados, 2012. p. 145-185.

[160] SILVA, José Afonso da. *Um pouco de direito constitucional comparado*. São Paulo: Malheiros, 2009. p. 219.

[161] BARBOSA, *História constitucional brasileira: mudança constitucional, autoritarismo e democracia no Brasil pós-1964*. p. 147.

[162] Destaca-se que a denominada Assembleia Constituinte que elaborou a CF de 1988 não foi eleita diretamente pelo povo para realizar tal finalidade. Ela se enquadra em Congresso Constituinte, já que foi estabelecida por instituição do poder constituído. SILVA, José Afonso da. *Um pouco de direito constitucional comparado*. São Paulo: Malheiros, 2009. p. 217-218;

constitucional brasileira,[163] pois se apresenta como novidade. A Mensagem nº 48, de 1985 – CN (nº 330/85, na origem) do, então, Presidente José Sarney[164] contém a proposta de emenda à Constituição nº 43, de 1985, a fim de convocar[165] a Assembleia Nacional Constituinte. A emenda propunha a reunião dos membros da Câmara dos Deputados e do Senado Federal em Assembleia Nacional Constituinte no dia 31 de janeiro de 1987, na sede do Congresso Nacional. O presidente do Supremo Tribunal Federal instalaria a Assembleia e dirigiria a sessão de eleição do Presidente do citado colegiado, sendo o Projeto de Constituição promulgado na Primeira Sessão Legislativa da 48ª Legislatura, depois de aprovado, pela maioria absoluta dos membros, em dois turnos de discussão.[166]

Em novembro de 1985, o Congresso Nacional aprovou a Emenda n. 26 de 1985, ela estabelece que dia 1º de fevereiro de 1987 os Membros da Câmara dos Deputados e do Senado Federal se reuniriam, unicameralmente, em Assembleia Nacional Constituinte, livre e soberana,[167] na cede do Congresso Nacional (art. 1º) e sob a presidência do Presidente do Supremo Tribunal Federal, José Carlos Moreira Alves, que instalaria a Assembleia Nacional Constituinte e dirigiria a sessão de eleição do seu presidente (art. 2º).[168] Integraram

---

BARBOSA, *História constitucional brasileira: mudança constitucional, autoritarismo e democracia no Brasil pós-1964.* p. 194-197. Além disso, a Assembleia Constituinte funcionaria em paralelo com o Congresso Nacional. CRETELLA JÚNIOR, José. *Comentários à constituição brasileira de 1988.* v. I. Rio de Janeiro: Forense Universitária, 1992. p. 62.

[163] BULOS, Uadi Lammêgo. *Curso de direito constitucional.* 4. ed. São Paulo: Saraiva, 2009. p. 423.

[164] O então presidente José Sarney, ao cumprir promessa de Tancredo Neves, eleito pelo Colégio Eleitoral como Presidente e José Sarney como Vice-Presidente da República brasileira, quando empossado com a morte de Tancredo Neves, convoca a Assembleia Nacional Constituinte. BARBOSA, *História constitucional brasileira: mudança constitucional, autoritarismo e democracia no Brasil pós-1964.* p. 184-185; BARROSO, *O direito constitucional e a efetividade de suas normas.* p. 320.

[165] Sobre a convocação, vide: BARBOSA, *História constitucional brasileira: mudança constitucional, autoritarismo e democracia no Brasil pós-1964.* p. 187-193; DALLARI, Pedro. *Constituição e relações exteriores.* São Paulo: Saraiva, 1994. p. 58.

[166] Disponível em: <www.senado.leg.br/publicaoes/anais/constituinte/emenda.pdf>. Acesso em: 21/05/2016; DALLARI, Pedro. *Constituição e relações exteriores.* São Paulo: Saraiva, 1994. p. 58-59.

[167] Os poderes da Assembleia Constituinte abrangiam a possibilidade de abolir a federação e a república, conforme o Esboço do Projeto de sua convocação que o então Presidente José Sarney enviou ao Congresso Nacional. Contudo, o esboço foi alterado, sendo suprimida explicitamente a parte que possibilitava a abolição da federação e da república. CRETELLA JÚNIOR, *Comentários à constituição brasileira de 1988.* v. I. p. 52-54.

[168] Disponível em: <www.senado.leg.br/publicacoes/anais/constituinte/emenda26/85.pdf>. Acesso em: 28/05/2016; SILVA, José Afonso da. *Um pouco de direito constitucional comparado.* São Paulo: Malheiros, 2009. p. 219; BULOS, *Curso de direito constitucional.* p. 401; BARROSO, *O direito constitucional e a efetividade de suas normas.* p. 41 e 318-319.

a Assembleia Constituinte 559 Constituintes: 487 Deputados e 72 Senadores. Na sessão seguinte à instalação da Assembleia foi eleito o Deputado Ulysses Guimarães, de São Paulo, como Presidente da Assembleia Constituinte.[169]

O Diário Oficial da União publicou o Anteprojeto constitucional, elaborado pela *Comissão Provisória de Estudos Constitucionais*, instituída pelo Decreto n. 91.450, de 18 de julho de 1985.[170] Tal Comissão, instalada no dia 3 de novembro de 1985,[171] conhecida como Comissão Afonso Arinos,[172] um anteprojeto rico no que tange a preceitos relativos às relações internacionais. No preâmbulo[173] há referências à ordem internacional e aos princípios que regeriam a atuação do Estado brasileiro no cenário internacional. Destaca-se que a estrutura da Assembleia Constituinte tomou como exemplo a da Comissão Afonso Arinos, ou seja, a forma de organização dos trabalhos foi semelhante[174] e o Anteprojeto, embora oficioso e polêmico, repercutiu nos trabalhos.[175]

---

[169] DALLARI, Pedro. *Constituição e relações exteriores*. São Paulo: Saraiva, 1994. p. 63-64.

[170] Para mais informações sobre a Comissão Provisória de Estados Constitucionais, *vide*: BARBOSA, *História constitucional brasileira: mudança constitucional, autoritarismo e democracia no Brasil pós-1964.* p. 206-210; DALLARI, Pedro. *Constituição e relações exteriores.* São Paulo: Saraiva, 1994. p. 61-62 e 72-73.

[171] SILVA, José Afonso da. *Um pouco de direito constitucional comparado.* São Paulo: Malheiros, 2009. p. 283.

[172] A Comissão Afonso Arinos constituiu-se em foro de debate constitucional, no entanto, sofreu severas críticas de pensamentos mais progressistas como a de Hermann Assis Baeta (presidente da Ordem dos Advogados do Brasil), de Miguel Seabra Fagundes e de Fábio Konder Comparato (que se recusaram a participar). Paulo Bonavides participou da primeira reunião e logo se desligou. Após a apresentação do Anteprojeto pela Comissão, Miguel Seabra Fagundes reconheceu-o como progressista, além disso, setores conservadores da sociedade brasileira criticaram o projeto. A composição da Comissão Afonso Arinos era semelhante à composição da Assembleia Constituinte: maioria conservadora (direita, centro-direita e centro) e minoria progressista (esquerda, centro-esquerda). SILVA, José Afonso da. *Um pouco de direito constitucional comparado.* São Paulo: Malheiros, 2009. p. 228-229; JÚNIOR CRETELLA, *Comentários à constituição brasileira de 1988.* v. I. p. 56; BARROSO, *O direito constitucional e a efetividade de suas normas.* p. 320.

[173] "Na Ordem Internacional, o Brasil, sem descurar da defesa de sua Soberania, persevera na tradicional política de Paz em obediência às normas do Direito, do respeito aos tratados, da colaboração com as Nações Unidas em das todas as iniciativas que visem à Tranqüilidade e à Segurança dos Povos, ao emprego de meios pacíficos para a solução das controvérsias, aos bons ofícios para evitar crises entre as Nações, mantendo, assim, a secular tradição jurídica e diplomática que assegurou ao Brasil a aquisição e permanência de seu território". DIÁRIO OFICIAL, Suplemento especial ao n. 185, sexta-feira, 26 de setembro de 1986. Disponível em: <www.senado.leg.br/publicacoes/anais/constituinte/AfonsoArinos.pdf>. Acesso em: 28/05/16.

[174] Têm-se: subcomissões temáticas, correspondente ais títulos de uma futura constituição; uma comissão de sistematização e, para finalizar, o plenário da comissão, para analisar o projeto constitucional. Na Constituinte, as comissões temáticas foram subdivididas em subcomissões, cujo trabalho é destinado à Comissão de Sistematização e, posteriormente, foi

Dessa maneira, dos sete primeiros artigos do Anteprojeto, quatro artigos estavem diretamente ligados às relações internacionais. No art. 1º do Anteprojeto,[176] *caput, in fine,* tem-se a convivência pacífica com todos os povos, depois de o Estado brasileiro estar definido como regime de governo, forma de Estado, a forma do exercício da soberania e o valor central do Estado, a promoção da pessoa. O art. 6º do Anteprojeto[177] estabelece a forma e a finalidade de participação do Estado brasileiro no âmbito internacional. E o art. 7º do Anteprojeto[178] vincula a ratificação dos acordos e pactos internacional ao Congresso.

O art. 5º do Anteprojeto[179] possui semelhança com o art. 4º da CF. Nele foram propostos princípios que regeriam o Estado brasileiro nas relações internacionais. O artigo é dividido em cinco incisos, sendo que o art. 4º da CF possui dez. Dessa forma, dos princípios do Anteprojeto e dos do art. 4º da CF, quatro princípios estão em

---

submetido ao Plenário da Constituinte. SILVA, José Afonso da. *Um pouco de direito constitucional comparado.* São Paulo: Malheiros, 2009. p. 229.

[175] DALLARI, Pedro. *Constituição e relações exteriores.* São Paulo: Saraiva, 1994. p. 79.

[176] Art. 1º O Brasil é uma República Federativa, fundada no Estado Democrático de Direito e no governo representativo, para a garantia e a promoção da pessoa, em convivência pacífica com todos os povos. DIÁRIO OFICIAL, Suplemento especial ao n. 185, sexta-feira, 26 de setembro de 1986. Disponível em: <www.senado.leg.br/publicacoes/anais/constituinte/AfonsoArinos.pdf>. Acesso em: 28/05/16; DALLARI, Pedro. *Constituição e relações exteriores.* São Paulo: Saraiva, 1994. p. 80.

[177] Art. 6º O Brasil participa da sociedade internacional por meio de pactos, tratados e acordos com os Estados soberanos, com os organismos internacionais e com as associações de relevantes serviços à causa da humanidade e ao amparo e promoção da pessoa humana. DIÁRIO OFICIAL, Suplemento especial ao n. 185, sexta-feira, 26 de setembro de 1986. Disponível em: <www.senado.leg.br/publicacoes/anais/constituinte/AfonsoArinos.pdf>. Acesso em: 28/05/16; DALLARI, Pedro. *Constituição e relações exteriores.* São Paulo: Saraiva, 1994. p. 81.

[178] Art. 7º Os pactos e acordos internacionais dependem da ratificação do Congresso. Parágrafo único – O conteúdo dos compromissos de quem trata este artigo incorpora-se à ordem interna quando se trata de disposições normativas, salvo emenda constitucional, se for o caso. DIÁRIO OFICIAL, Suplemento especial ao n. 185, sexta-feira, 26 de setembro de 1986. Disponível em: <www.senado.leg.br/publicacoes/anais/constituinte/AfonsoArinos.pdf>. Acesso em: 28/05/16; DALLARI, Pedro. *Constituição e relações exteriores.* São Paulo: Saraiva, 1994. p. 81.

[179] Art. 5º O Brasil rege-se nas relações internacionais pelos seguintes princípios: I – defesa e promoção dos direitos humanos; II – condenação da tortura e de todas as formas de discriminação e de colonialismo; III – defesa da paz, repúdio à guerra, à competição armamentista e ao terrorismo; IV – apoio às conquistas da independência nacional de todos os povos, em obediência aos princípios de autodeterminação e do respeito às minorias; V – intercâmbio das conquistas tecnológicas, do patrimônio científico e cultural da humanidade. DIÁRIO OFICIAL, Suplemento especial ao n. 185, sexta-feira, 26 de setembro de 1986. Disponível em: <www.senado.leg.br/publicacoes/anais/constituinte/AfonsoArinos.pdf>. Acesso em: 28/05/16; SILVA, José Afonso da. *Um pouco de direito constitucional comparado.* São Paulo: Malheiros, 2009. p. 235; DALLARI, Pedro. *Constituição e relações exteriores.* São Paulo: Saraiva, 1994. p. 80-81.

ambos os textos e os outros são semelhantes ou diferentes. No entanto, guardam relação mediata ou imediata os princípios de ambos os textos.

Além do Anteprojeto Afonso Arinos, tinham-se as seguintes propostas de Anteprojetos: José Afonso da Silva (que participou dos trabalhos da Comissão Afonso Arinos). No referente aos princípios regentes das relações internacionais, apresenta-se o seguinte texto:

> Art. 4º Base das relações internacionais. 1. O Brasil fundamentará suas relações internacionais no princípio da independência nacional, no respeito dos direitos do homem, no direito à autoderterminação dos povos, na igualdade entre os Estados, na solução pacífica dos conflitos internacionais, na não ingerência nos assuntos internos dos outros Estados e na cooperação com todos os povos para a emancipação e o progresso da humanidade. 2. Em conseqüência, em caso algum se empenhará em guerra de conquista, direta ou indiretamente, por si ou em aliança com outro Estado, e só recorrerá à guerra se não couber ou se malograr o recurso ao arbitramento ou aos meios pacíficos de solução do conflito, regulados por órgãos internacionais de segurança de que participe. 3. O Brasil condena a produção de armas nucleares.[180]

Em face do Anteprojeto da Comissão Afonso Arinos, cabe expor o trabalho realizado nas comissões e subcomissões da Assembleia Nacional Constituinte, constante nas Atas das Comissões e Subcomissões da Assembleia. No que se refere às relações internacionais, o tema foi tratado na Comissão da soberania e dos direito e garantias do homem e da mulher, especificamente na Subcomissão da nacionalidade, da soberania e das relações internacionais. Cabe destacar que os temas e os problemas recorrentes e tratados como relevantes na Subcomissão eram a divida externa, a soberania nacional e as competências do Poder Executivo em vincular o Estado brasileiro em acordos e tratados internacionais sem a aprovação ou ratificação do Congresso Nacional.

Os constituintes da Subcomissão escutaram e dialogaram com diversas pessoas que ocupavam cargos relevantes no Estado ou eram especialistas na matéria foco de reflexão e deliberação. Dessa forma, é possível destacar algumas falas e opiniões que contribuíram para pensar a composição de como a constituição poderia tratar as relações internacionais em termos de normas constitucionais. Paulo Tarso de Flecha de Lima (Embaixador – Secretário-Geral do Ministério das Relações Exteriores) foi um dos primeiros nomes a

---

[180] SILVA, José Afonso da. *Um pouco de direito constitucional comparado*. São Paulo: Malheiros, 2009. p. 371.

serem convidados para dialogar com a Subcomissão. Segundo Flecha de Lima, a política externa não é nem dever ser monopólio do Itamaraty, pois para que a mesma seja respeitada e tenha confiabilidade deve refletir os anseios e vontades da sociedade brasileira. Segundo o Embaixador, a capacidade de ação no plano internacional está vinculada à representatividade que exprime a vontade da Nação e da sociedade.[181]

Flecha de Lima destacou, também, que seria importante a Constituinte estabelecer e reiterar princípios básicos da tradição brasileira nas relações internacionais, que seriam o convívio pacífico e amigável com todos os países e a proibição de guerra de conquista com recurso obrigatório à utilização de meios pacíficos de solução de controvérsias. Trata-se de princípios que ultrapassam o nível retórico e marcam o perfil internacional do Estado brasileiro, segundo o Embaixador.[182]

Outro nome a ser destacado é o de Celso de Albuquerque Mello (Professor de Direito Internacional Público da Universidade Federal do Rio de Janeiro). Celso de Mello defendeu a ideia da existência de um título próprio para as relações exteriores na constituição, embora tais regras, tradicionalmente, encontrem-se nos capítulos referentes ao Poder Legislativo e ao Poder Executivo. O Professor destacou que se trata de tema delicado, justamente pela necessidade de controle político da política externa, porém não se deve restringir a atuação do Poder Executivo. Um exemplo é o envio de tropas pelo Brasil não por obrigatoriedade, mas por vontade, já que o capítulo 7º da Carta da ONU, que trata desse assunto, não foi regulamentado. Por fim, Celso Mello propõe a explicitação na constituição do princípio da coexistência pacífica.[183]

Vicente Marotta Rangel (Professor de Direito Internacional da Universidade de São Paulo) destacou a importância do art. 5º do Anteprojeto Afonso Arinos por estabelecer princípios nas relações internacionais. Porém, Marotta Ragel teceu algumas objeções, como no inciso III do Anteprojeto, no sentido de repudiar a guerra. Segundo o Professor, é uma questão delicada por ser lícito ao Estado, quando constrangido, participar de uma guerra como protagonista, no caso do exercício do direito de defesa. O inciso IV do Anteprojeto

---

[181] ANAIS da constituinte. Disponível em: <www.senado.leg.br/publicacoes/anais/asp/CT_Abertura.asp>. Acesso em: 16/06/16. p. 3. Para facilitar a localização das intervenções aqui comentadas, o endereço do sítio do documento será seguido da página do documento.
[182] Idem, p. 4.
[183] Idem, p. 20 e 22.

também foi criticado, justamente pelo respeito e apoio às minorias em relação às conquistas de independência nacional de todos os povos. Nesse caso, a inconveniência essencial é a compreensão que o Estado brasileiro, no plano internacional, defenderia a independência de coletividades minoritárias, aplicando-se tal mérito aos curdos, aos valões, aos franco-canadenses, aos bascos e aos galegos, segundo Marotta Rangel. Destacou, em termos de crítica, a ausência do princípio da não intervenção no art. 5º do Anteprojeto.[184]

Na sequência manifestou-se Roberto de Siqueira Castro (Professor da Pontifícia Universidade Católica do Rio de Janeiro e Procurado-Geral do Estado do Rio de Janeiro) sobre a oportunidade de os Deputados Constituintes tomassem como referências constituições democráticas, principalmente, europeias. Isso pelo fato de terem países que tiveram, política e historicamente, experiências semelhantes às brasileiras. Castro referiu-se a Portugal e Espanha, justamente por terem vivenciados períodos autocráticos e por terem reencontrado a democracia. Segundo o depoente, ambos os Estados promulgaram constituições que continham respostas ao passado, no sentido evitar o retorno de governos ditatoriais. Também, Espanha (1978) e Portugal (1976),[185] em suas constituições, estabeleceram um sentido de progresso social na direção de guarida da liberdade, da igualdade e da justiça. Trata-se de documentos, conjuntamente com as constituições da Alemanha (1949), da Italia (1947) e de Cuba (1976), que inauguram um período de previsão legal de princípios fundamentais ao estabelecerem ordem de valores de sustentação da organização nacional.[186]

Castro apresentou ao Presidente da Subcomissão Roberto D'Ávila sugestões para o capítulo inaugural da constituição. No art. 1º[187] da sugestão, estabelece-se a alocução *livre e independente*, empregada na Carta brasileira de 1824, por refletir a ideia de soberania nacional, a fim de firma a posição do Estado brasileiro em não se deixar subjugar a uma ordem econômica contrárias aos interesses nacionais. Segundo Castro, a teoria da dependência ou indepen-

---

[184] ANAIS da constituinte. Disponível em: <www.senado.leg.br/publicacoes/anais/asp/CT_Abertura.asp>. Acesso em: 16/06/16. p. 25.

[185] SILVA, José Afonso da. *Um pouco de direito constitucional comparado*. São Paulo: Malheiros, 2009. p. 219.

[186] ANAIS da constituinte. Disponível em: <www.senado.leg.br/publicacoes/anais/asp/CT_Abertura.asp>. Acesso em: 16/06/16. p. 37.

[187] O Brasil é uma República Federativa livre e independente, constituída sob o regime representativo em um Estado social e democrático. ANAIS da constituinte. Disponível em: <www.senado.leg.br/publicacoes/anais/asp/CT_Abertura.asp>. Acesso em: 16/06/16. p. 37.

dência é a utilizada, na ocasião, devido ao conceito de soberania estar mais próximo de prerrogativas inquestionáveis e indeclináveis do Rei e, após, do Estado moderno liberal democrático. No parágrafo único[188] do art. 1º da proposta de Castro consta um elenco de princípios alicerces da estruturação da organização nacional. O argumento que o autor invoca é o fato de as constituições democráticas modernas pautarem-se em determinados valores axiológicos de observância obrigatória e como critério para interpretação constitucional. Destacou, também, na ausência de tradição do Brasil na enunciação de valores éticos na sua Constituição, de então, salvo em dispositivos esparsos.[189]

O Professor, no art. 2º,[190] §§ 1º[191] e 2º,[192] de sua proposta estabelece a origem do poder soberano e quais os limites do exercício do poder. Dessa forma, no § 1º tem-se a forma como o poder soberano iria ser exercido. No § 2º consta o chamado direito político de resistência ou desobediência civil, que indica a manifestação da verdadeira soberania quando os representantes usurpam suas competências constitucionais em relação ao povo que pode, assim, resistir, legitimamente, já que a soberania, com ele está.[193]

Em outra manifestação referente ao tema tratado, Roberto de Abreu Sodré (Ministro das Relações Exteriores) destacou a importância do diálogo entre o Poder Executivo e o Poder Legislativo no referente às relações exteriores. No mesmo sentido, manifestou a relevância de princípios fundamentais constarem na Constituição, embora a posição do Brasil seja tradicional nas relações exteriores.

---

[188] A organização nacional fundamenta-se na supremacia da constituição, na liberdade, na igualdade, no trabalho, na justiça social, na dignidade da pessoa humana, no pluralismo democrático, na legitimidade do poder, na legalidade democrática e na descentralização governamental. ANAIS da constituinte. Disponível em: <www.senado.leg.br/publicacoes/anais/asp/CT_Abertura.asp>. Acesso em: 16/06/16. p. 38.

[189] ANAIS da constituinte. Disponível em: <www.senado.leg.br/publicacoes/anais/asp/CT_Abertura.asp>. Acesso em: 16/06/16. p. 38.

[190] Todo o poder emane do povo e em seu nome é exercido. ANAIS da constituinte. <www.senado.leg.br/publicacoes/anais/asp/CT_Abertura.asp>. Acesso em: 16/06/16. p. 39.

[191] Nenhum indivíduo, grupo, órgão ou instituição pode atribuir-se o exercício da soberania nacional, que pertence ao povo brasileiro e é exercido através de seus representantes, de referendo, de iniciativa popular das leis e da participação e controle dos atos do Estado. ANAIS da constituinte. Disponível em: <www.senado.leg.br/publicacoes/anais/asp/CT_Abertura.asp>. Acesso em: 16/06/16. p. 39.

[192] Todos têm direito de garantir o cumprimento da Constituição e de resistir aos atos de violação da ordem constitucional democrática. ANAIS da constituinte. Disponível em: <www.senado.leg.br/publicacoes/anais/asp/CT_Abertura.asp>. Acesso em: 16/06/16. p. 39.

[193] ANAIS da constituinte. Disponível em: <www.senado.leg.br/publicacoes/anais/asp/CT_Abertura.asp>. Acesso em: 16/06/16. p. 39.

Além disso, existem diversos instrumentos internacionais aos quais o Estado brasileiro compactua e aderiu. Sodré, dessa forma, citou alguns princípios que deveriam estar expressos na Constituição: repúdio à guerra; solução pacífica das controvérsias; direito dos povos à autodeterminação e à independência; não ingerência em assuntos internos de outros Estados; e igualdade soberana dos Estados.[194]

Após a apresentação de considerações por parte dos convidados a contribuírem com a Subcomissão e dos debates travados, elaborou-se uma proposta de anteprojeto de Constituição pelo constituinte João Hermann Netto no que diz respeito à nacionalidade, à soberania e às relações internacionais.

> Título I Da Soberania. Art. 5º Cumpre ao Estado promover de fato a liberdade e a igualdade dos cidadãos, removendo os obstáculos de ordem política, econômica, social e cultural, viabilizando a efetiva participação popular na Administração Pública e no controle da atividade de seus órgãos. Art. 10. A representação externa da República Federativa do Brasil compete privativamente à União, que a exerce através do Chefe de Estado. Art. 17. O Brasil manterá relações com Estados estrangeiros, organismos internacionais e outras entidades dotadas de personalidade jurídica em nome de seu povo, no respeito aos seus interesses sob seu permanente controle. Art. 18. O Brasil não permitirá que conflitos internacionais em que não é parte atinjam seu território nacional e nele se transformem em fatores de desagregação de sua gente. Art. 19. Nas relações internacionais, o Brasil adotará atitude de coexistência pacífica e se regerá pelos princípios constantes da Carta da Organização das Nações Unidas, tal como explicitados na Resolução n. 2.625 da Assembleia Geral, na sua 25ª sessão. Art. 20. Nas relações interamericanas, o Brasil respeitará os princípios da Carta da Organização dos Estados Americanos. Art. 21. Na convivência com Estados estrangeiros e participando de organismos multinacionais, o Brasil favorecerá a obra de codificação progressiva do Direito Internacional, os movimentos de promoção dos direitos humanos e a instauração de uma ordem econômica justa e eqüitativa. Art. 22. O Direito Internacional faz parte do Direito Interno. O tratado revoga a lei e não é por ela revogado. Art. 23. A condução das relações internacionais é da competência privativa da União, que a realizará de forma democrática, através dos Poderes Públicos Federais.[195]

Apresentada a proposta de anteprojeto, a Subcomissão deliberou sobre o mesmo. Surgiram diversas emendas à proposta e modificações. Dessa forma, Carlos Roberto Siqueira Castro (Professor da Pontifícia Universidade Católica do Rio de Janeiro e Procurador-Geral da República do Estado do Rio de Janeiro), dentre outros, foi novamente chamado para analisar a proposta. Para o Procurador-Geral, o art. 10 da proposta de anteprojeto poderia ser suprimido,

---

[194] ANAIS da constituinte. Disponível em: <www.senado.leg.br/publicacoes/anais/asp/CT_Abertura.asp>. Acesso em: 16/06/16. p. 86.

[195] Idem, p. 107-109.

já que o art. 26 contém os mesmos objetivos visados que a competência presidencial em termos de ato de representação internacional. O art. 19 também é alvo de observação, pois para Castro o mesmo é detalhista para um documento constitucional ao mencionar o número de uma resolução da Assembleia Geral da ONU. Castro aconselhou à subcomissão a substituir a redação do artigo por uma que contivesse princípios, como foi proposto pelo Anteprojeto da Comissão Afonso Arinos (art. 5º).[196]

Em objeção à proposta principiológica de Castro, a constituinte Ana Maria Vilela destacou o caráter especial da resolução da ONU. Porém o argumento principal concentrou-se na ideia de diplomacia retórica que poderia ser instaurada com o elenco de "grandes princípios" e, por conseguinte, não teriam força cogente no texto constitucional, pela generalidade ou em função das necessidades específicas dos casos em que o Estado brasileiro se deparar.[197] Por fim, a Subcomissão da Nacionalidade, da Soberania e das Relações Internacionais apresentou seu Anteprojeto.

> Anteprojeto de constituição – I-a) Subcomissão da Nacionalidade, da Soberania e das Relações Internacionais. Título III – Das Relações Internacionais. Art. 17. O Brasil manterá relações com estados estrangeiros, organizações internacionais e outras entidades dotadas de personalidade internacional, em nome de seu povo, no respeito aos seus interesses e sob seu permanente controle. Art. 18. O Brasil não permitirá que conflitos internacionais em que não é parte, atinham seu território nacional e nele se transformem em fator de desagregação de sua gente. Art. 19. Nas relações internacionais, o Brasil adotará atitude de coexistência pacífica e se regerá pelos princípios constantes da Carta da Organização das Nações Unidas, tal como explicitado na Resolução 2625 (XXV) da Assembleia Geral. Art. 20. Nas relações interamericanas, o Brasil respeitará os princípios da cara da Organização dos Estados Americanos. Art. 21. Na convivência com Estados estrangeiros e participando de organismos multilaterais, o Brasil favorecerá a obras de codificação progressiva do direito internacional, os movimentos de promoção dos direitos humanos e a instauração de uma ordem econômica justa e eqüitativa. Art. 22. O Direito Internacional faz parte do Direito Interno. O tratado revoga a lei e não é por ela revogado. Art. 23. A condução das relações internacionais é de competência privativa da União que a realizará de forma democrática, através dos Poderes Públicos Federais.[198]

Após o término dos trabalhos das Subcomissões, ficou a encargo de cada Comissão temática analisar os *Anteprojetos* a fim de

---

[196] ANAIS da constituinte. Disponível em: <www.senado.leg.br/publicacoes/anais/asp/CT_Abertura.asp>. Acesso em: 16/06/16. p. 114-115.

[197] Idem, p. 115.

[198] Idem, p. 121.

consolidar um *Anteprojeto* que seria encaminhado à Comissão de Sistematização da Assembleia Nacional Constituinte. A *Comissão da Soberania e dos Direitos e Garantias do Homem e da Mulher*, presidida pelo Deputado Mário Assad, do Estado de Minas Gerais, ficou responsável por debater e decidir sobre os princípios norteadores das relações internacionais do Estado brasileiro.[199]

Conforme as regras de sistematização adotadas pela Assembleia Nacional Constituinte, coube ao Relator consolidar uma proposta com base em três *Anteprojetos* aprovados pelas *Subcomissões*. Dessa forma, na proposta de *Anteprojeto*, o Relator da *Comissão da Soberania e dos Direitos e Garantias do Home e da Mulher*, em 6 de junho de 1987, ofereceu cinco artigos compositores do Capítulo IV *Do Estado e de suas relações com os demais Estados* do Título II *Dos fundamentos da Nação* que são os seguintes:[200]

> Art. 24. O Brasil participa da sociedade internacional por meio de tratados e compromissos com os Estados Soberanos, com os organismos internacionais e com as associações de relevantes serviços à causa da humanidade, e ao amparo e proteção da pessoa humana, desde que não afetem a soberania de seu Povo. Art. 25. O Brasil não permitirá que conflitos internacionais e que não é parte atinjam seu território e nele se transformem em fatores de desagregação de sua gente. Art. 26. A inviolabilidade desta Constituição rege as relações internacionais do Brasil, à luz dos princípios constantes de Declarações Internacionais de Direitos de que seja signatário, com ênfase nos seguintes: I – o da independência nacional; II – o da intocabilidade dos direitos humanos; III – o do direito dos povos à soberania e à autodeterminação; IV – o da igualdade entre os Estados; V – o da não-ingerência nos assuntos internos de outros Estados; VI – o da solução pacífica dos conflitos internacionais; VII – o da cooperação com todos os outros povos e o progresso da humanidade. Art. 27. Na ordem internacional o Brasil preconiza: I – a codificação progressiva do Direito Internacional e a formação de um Tribunal Internacional dos Direitos Humanos com poder de decisão vinculatórias; II – a instauração de uma ordem econômica justa e equitativa, com a abolição de todas as formas de denominação (*sic*) de um Estado por outro; III – a união de todos os Estados Soberanos contra a competição armamentista e o terrorismo; IV – o desarmamento geral, simultâneo e controlado; V – a dissolução de todos os blocos político-militares; VI – o estabelecimento de um sistema universal de segurança, com vistas à criação de uma ordem internacional capaz de assegurar a paz e a justiça nas relações entre os povos; VII – o intercâmbio das conquistas tecnológicas e do patrimônio científico e cultural da humanidade, sem prejuízo do direito à reserva de mercado sempre que o controle tecnológico de nações estrangeiras possa implicar dominação política e perigo para a autodeterminação nacional; VIII – o direito universal de uso, reprodução e imitação, sem remuneração, das descobertas científicas e tecnológicas relati-

---

[199] DALLARI, Pedro. *Constituição e relações exteriores*. São Paulo: Saraiva, 1994. p. 91.
[200] Ibidem.

vas à vida, à saúde e à alimentação dos seres humanos; IX – a suspensão do sigilo bancário, por decisão passada em julgado da Suprema Corte Constitucional ou de Justiça do País onde o titular da conta, encoberto ou não pela personalidade jurídica, tenha domicílio. Art. 28. Os tratados e compromissos internacionais dependem da aprovação do Congresso Nacional, excetuados os que visem simplesmente a executar, aperfeiçoar e interpretar os textos de tratados preexistentes, os que ajustem a prorrogação de anteriores e os de natureza meramente administrativa. § 1º Os tratados a que se refere a parte final deste artigo serão levados, dentro de trinta dias, ao conhecimento do Congresso Nacional que poderá revogá-los, caso modificarem substancialmente o ato que lhes deu origem. § 2º O conteúdo normativo dos tratados e compromissos internacionais se incorpora à ordem interna, revoga a lei anterior e está sujeito à revogação por lei nova ou Emenda Constitucional.[201]

A proposta do relator foi apreciada pela *Comissão*. Essa modificou o art. 24 do *Anteprojeto* a fim de incluir entidades de atuação internacional desvinculadas a qualquer Estado, como a *Anistia Internacional*. A redação do citado artigo ficou: *"O Brasil participa da sociedade internacional com os Estados Soberanos, com os organismos internacionais e outras entidades dotadas de personalidade internacional, desde que não afetem a soberania de seu povo."* O art. 28 também sofreu modificações em sua redação pela *Comissão*. No mais, a proposta do Relator foi aceita pela *Comissão*, no tangente aos dispositivos referentes aos atuais princípios constitucionais das relações internacionais, tendo algumas alterações em relação à redação.[202]

Art. 23. São Tarefas fundamentais do Estado: I – garantir a independência nacional pela preservação de condições políticas, econômicas, científicas, tecnológicas e bélicas que lhe permitam rejeitar toda tentativa de interferência estrangeira na determinação e consecução de seus objetivos internos: [...] Art. 24. O Brasil participa da sociedade internacional por meio de tratados e compromissos com os Estados Soberanos, com os organismos internacionais e outras entidades dotadas de personalidade internacional, desde que não atentem a soberania de seu povo. Art. 25. O Brasil não permitirá que conflitos internacionais em que não é parte atinjam seu território e nele se transformem em fatores de desagregação de sua gente. Art. 26. A inviolabilidade desta Constituição rege as relações internacionais do Brasil, à luz dos princípios constantes das Declarações Internacionais de Direitos de que seja signatário, com ênfase nos seguintes: I – o da independência nacional; II – o da intocabilidade dos direitos humanos; III – o do direito dos povos à soberania e à autodeterminação; IV – o da igualdade entre os Estados; V – o da não-ingerência nos assuntos internos de outros Estados; VI – o da solução pacífica dos conflitos internacionais; VII – o da cooperação com todos os outros povos para a emancipação e o progresso da humanidade. Art. 27 Na ordem internacional o Brasil preconiza: I – a codificação progressiva do Direito Internacional e a formação de um Tribunal

---

[201] Conteúdo extraído de DALLARI, Pedro. *Constituição e relações exteriores*. São Paulo: Saraiva, 1994. p. 92-93.

[202] Idem, p. 96-98.

Internacional dos Direitos Humanos com poder de decisão vinculatória; II – a instauração de uma ordem econômica justa e equitativa, com a abolição de todas as formas de dominação de um Estado por outro; III – a união de todos os Estados Soberanos contra a competição armamentista e o terrorismo; IV – o desarmamento geral, simultâneo e controlado; V – a dissociação de todos os blocos político-militares; VI – o estabelecimento de um sistema universal de segurança com vistas à criação de uma ordem internacional capaz de assegurar paz e a justiça as relações entre os povos; VII – o intercâmbio das conquistas tecnológicas e do patrimônio científico e cultural da humanidade, sem prejuízo do direito à reserva de mercado sempre que o controle tecnológico de nações estrangeiras possa implicar dominação política e perigo para a autodeterminação nacional; VIII – o direito universal de uso, reprodução e imitação, sem remuneração, das descobertas científicas e tecnológicas relativas à vida, à saúde e à alimentação dos seres humanos; IX – a suspensão do sigilo bancário, por decisão passada em julgado da Suprema Corte Constitucional ou de Justiça do País onde o titular da conta, encoberta ou não pela personalidade jurídica, tenha domicílio. Art. 28. Os tratados e compromissos internacionais dependem da aprovação do Congresso Nacional, excetuados os que visem simplesmente a executar, aperfeiçoar, interpretar ou prorrogar tratados preexistentes e os de natureza meramente administrativa. § 1º Os tratados a que se refere a parte final deste artigo serão levados, dentro de trinta dias, ao conhecimento do Congresso Nacional. § 2º O conteúdo normativo dos tratados e compromissos internacionais se incorpora à ordem interna e está sujeito à revogação por lei nova ou Emenda Constitucional.[203]

O *Anteprojeto* suscitou polêmicas em relação à generalidade das disposições normativas, inclusive as condizentes às relações internacionais. Com isso, o Relatório final da *Comissão* temática defendeu o resultado do seu trabalho. Por conseguinte, a *Comissão* temática transferiu o *Anteprojeto* à *Comissão de Sistematização* a responsabilidade de aperfeiçoar, elaborar e redigir dispositivos tecnicamente condizentes com um texto constitucional unitário.[204]

A *Comissão de Sistematização*, teve como Presidente o Senador Afonso Arinos do Rio de Janeiro, estabeleceu o conteúdo condizente as relações internacionais na Constituição, já que assumiu um conjunto de paradigmas com a finalidade de inserir o Estado brasileiro na comunidade internacional. Para isso, constitucionalizou princípios materialmente vinculados ao âmbito internacional. Dessa forma, optou-se em acolher as propostas dos *Anteprojetos* temáticos. Contudo, coube ao Relator, Deputado Bernardo Cabral, por

---

[203] Conteúdo extraído de DALLARI, Pedro. *Constituição e relações exteriores*. São Paulo: Saraiva, 1994. p. 99-101.

[204] Idem, p. 101-102.

força de norma regimental, articular o conjunto de dispositivos, e oferecer um *Projeto* de texto constitucional completo.[205]

O *Projeto* apresentado reproduz basicamente o *Anteprojeto da Comissão temática*. Após essa fase, a *Comissão de Sistematização* recebeu propostas de emendas ao *Projeto de Constituição*. Após a avaliação e compatibilização das propostas de Emendas ao *Projeto*, a *Comissão* apresentou o *Primeiro Substitutivo ao Projeto de Constituição*. Foram efetuadas modificações substanciais no texto do *Projeto*. Tais modificações também atingiram o texto do *Projeto* condizente às relações internacionais.[206]

> Art. 4º São Tarefas fundamentais do Estado:
> I – garantir o desenvolvimento e a independência nacionais;
> [...]
> Art. 5º O Brasil fundamentará suas relações internacionais no princípio da independência nacional, na intocabilidade dos direitos humanos, no direito à autodeterminação dos povos, na igualdade dos Estados, na solução pacífica dos conflitos internacionais, na defesa da paz, no repúdio ao terrorismo e na cooperação com todos os povos, para a emancipação e o progresso da humanidade.[207]

Nota-se que o texto do *Primeiro Substitutivo ao Projeto de Constituição* se aproxima ao atual texto constitucional do art. 4º da CF. Reduziu-se o tratamento da matéria das relações internacionais. Novamente abriu-se prazo para proposta de Emendas ao texto do *Primeiro Substitutivo*, gerando o *Segundo Substitutivo* que inova ao incluir no texto do *Primeiro Substitutivo* o princípio da *não intervenção*, além de apresentar algumas alterações na redação. Após uma série de discussões e votações de propostas de emendas, a *Comissão de Sistematização* concluiu adotando novo texto designado de *Projeto de Constituição (A)*.[208]

> Art. 3º São objetivos fundamentais do Estado:
> I – garantir a independência e o desenvolvimento nacionais;
> [...]
> Art. 4º O Brasil fundamenta suas relações internacionais nos princípios da independência nacional, da prevalência dos direitos humanos, da autodeterminação dos povos, da igualdade dos Estados, da solução pacífica dos conflitos e da defesa da paz, bem como no repúdio ao terrorismo e ao racismo, e propugnará pela formação

---

[205] Conteúdo extraído de DALLARI, Pedro. *Constituição e relações exteriores*. São Paulo: Saraiva, 1994. p. 102-105.
[206] Idem, p. 116-119.
[207] Idem, p. 119.
[208] Idem, p. 120-130.

de um tribunal internacional dos direitos humanos e pela cooperação entre os povos, para emancipação e o progresso da humanidade.

Art. 5º O Brasil buscará a integração econômica, política, cultural e social dos povos da América latina, tendo em vista a formação de uma comunidade latino-americana de nações.[209]

Por conseguinte, o texto foi encaminhado para o Plenário da Assembleia Nacional Constituinte. Novamente, após uma série de mudanças no Regimento da Assembleia Nacional Constituinte, propostas de emendas e deliberações, poucas alterações sofreu o texto do *Projeto de Constituição* acima descrito. Com isso, nasceu o *Projeto de Constituição (B)*, que se aproxima em definitivo da redação atual. Contudo, sob o julgo de novos debates e de propostas de emendas produziu-se o *Projeto de Constituição (C)* e o *(D)*. Esse último tornou-se o texto definitivo do art. 4º da CF.[210]

---

[209] Conteúdo extraído de DALLARI, Pedro. *Constituição e relações exteriores*. São Paulo: Saraiva, 1994. p. 130-131.

[210] Idem, p. 138-147.

4. Perspectiva da eficácia e efetividade do princípio da prevalência dos direitos humanos

4.1. Eficácia normativa

A eficácia é a qualidade vinculada às normas no que tange à consequência jurídica decorrente de sua observância. Por isso, tal observância pode ser exigida juridicamente se for o caso da não espontaneidade de sua realização. Em suma, é dar efeito jurídico à norma jurídica de forma coativa.[211]

4.1.1. Classificação de Ingo Wolfgang Sarlet

Em termos de classificação, pode-se distinguir dois grupos normativos de diferentes graus de eficácia. Isso pelo fato de não existir norma constitucional desprovida de carga eficacial. Todas possuem pelo menos um mínimo.[212] Dessa forma, têm-se *normas constitucionais de alta densidade normativa* e de *baixa densidade normativa*.

4.1.1.1. Normas de alta densidade normativa

As primeiras normas possuem suficiente carga de normatividade para gerar seus efeitos fundamentais. Por conseguinte, não

---

[211] BARCELLOS, Anotação preliminar sobre o conteúdo e as funções dos princípios. p. 101; *vide*: SARLET, Ingo Wolfgang. Eficácia e aplicabilidade das normas constitucionais. In: ——; MARINONI, Luiz Guilherme; MITIDIERO, Daniel. *Curso de direito constitucional*. 3. ed. São Paulo: Revista dos Tribunais, 2014. p. 169-174.

[212] SARLET, Ingo Wolfgang. *A eficácia dos direitos fundamentais*. Uma teoria geral dos direitos fundamentais na perspectiva constitucional. 12. ed. Porto Alegre: Livraria do Advogado, 2015. p. 258-259.

dependem de ulterior restringibilidade e intervenção do legislador. As segundas necessitam de complementação de normas infraconstitucionais para gerarem seus efeitos, embora irradiem mínimo grau de normatividade, característico de todas as normas constitucionais.[213] Diante dessa classificação, ter-se-ão incluídas entre as primeiras normas aquelas que se encontram no art. 4º, I, II, III, IV, V, VI, VII, VIII, IX e X, da CF. Trata-se de "normas-quadro", na medida em que suas densidades são intensas e amplas.[214]

4.1.1.2. Normas de baixa densidade normativa

Em termos de normas constitucionais de baixa densidade normativa tem-se o inciso X do art. 4º da CF. Nesse caso específico, não se trata de norma-quadro, quando se está a projetá-lo como princípio de acesso ao asilo político. Nesse sentido, exige-se do Estado brasileiro a assunção de política de asilo político e, sendo necessário uma *interpositio legislatoris*[215] regulamentação de suportes fáticos específicos – se for o caso – e de processo de concessão de asilo. Dessa forma, o Poder Legislativo e/ou o Poder Executivo deve(m) atuar para regulamentar o processo para que os indivíduos possam pleitear tal faculdade jurídica.

4.1.1.3. Princípio-dever

Dentre os princípios constitucionais das relações internacionais, encontre-se o situado no inciso IX do art. 4º da CF princípio-dever, cujas características fazem com que se estabelece um dever, ou seja, a exigência ao Estado brasileiro de cooperar com os demais

---

[213] SARLET, Ingo Wolfgang. Eficácia e aplicabilidade das normas constitucionais. In: ——; MARINONI, Luiz Guilherme; MITIDIERO, Daniel. *Curso de direito constitucional*. 3. ed. São Paulo: Revista dos Tribunais, 2014. p. 186; SARLET, Ingo Wolfgang. *A eficácia dos direitos fundamentais*. Uma teoria geral dos direitos fundamentais na perspectiva constitucional. 12. ed. Porto Alegre: Livraria do Advogado, 2015. p. 260-261.

[214] Somada a essa classificação, parece ser possível invocar a variante da *dissociação em alternativas inclusivas* (de ÁVILA). Ao se examinar formalmente os dispositivos do Art. 4º da CF citados, é possível determiná-los como regras, porque condicionam a validade dos atos das relações internacionais à observância dos princípios. Como princípios, porque estabelecem a devida observação dos valores ali descritos. ÁVILA, Humberto. *Teoria dos princípios* da definição à aplicação dos princípios jurídicos. 13. ed. São Paulo: Malheiros, 2012. p. 75.

[215] SARLET, Ingo Wolfgang. Eficácia e aplicabilidade das normas constitucionais. In: ——; MARINONI, Luiz Guilherme; MITIDIERO, Daniel. *Curso de direito constitucional*. 3. ed. São Paulo: Revista dos Tribunais, 2014. p. 184.

Estados e órgãos internacionais no que condiz com o progresso da humanidade. Isso inclui, incontornavelmente, o dever de cooperar para a prevalência dos direitos humanos (inciso II), na defesa da paz (inciso VI) e na solução pacífica dos conflitos (VII). Na matéria que couber cooperação internacional que tenha como objetivo o progresso da humanidade, o Estado brasileiro tem o dever de cooperar.[216]

4.1.2. Classificação de Virgílio Afonso da Silva

As considerações de Virgílio Afonso da Silva relativas à eficácia das normas de direitos fundamentais consistem em uma análise crítica da classificação de José Afonso da Silva. Contudo, aplicar-se-á o quadro classificatório de Virgílio Afonso da Silva às normas que se podem inferir do art. 4º da CF, portanto, não são direitos fundamentais, mas princípios fundamentais. Não são normas incidentes nas realidades individuais, mas incidentes nas realidades do cenário internacional interpelantes do Estado brasileiro como pessoa de direito público internacional.

Para Virgílio Afonso da Silva não existem normas que não dependam de restrições/regulamentações.[217] Essa posição crítica atinge o fundamento das denominadas *normas de eficácia plena e norma de eficácia contida* de José Afonso da Silva. Dessa forma, todas as normas podem ser restringidas/regulamentadas, pois de algum modo precisam de estruturação de órgãos e de instituições. Por conseguinte, não caberiam as distinções entre normas de eficácia plena e contida.[218] Ele pauta-se na distinção entre regras e princípios.

No caso do art. 4º da CF, com a imposição do *caput*, da regência das relações internacionais por uma série de princípios elencados

---

[216] SARLET, Ingo Wolfgang; FENSTERSEIFER, Tiago. *Princípios do direito ambiental*. 2. ed. São Paulo: Saraiva, 2017. p. 225.

[217] José Afonso da Silva inicia sua resposta à crítica de Virgílio Afonso da Silva distinguindo o emprego dos termos restrição e regulamentação na Constituição brasileira. Em suma, o criticado defende-se dizendo que o termo regulamentação de texto normativo constitucional amplia sua eficácia da norma regulamentada e de direito nela previsto. No tangente à restrição, o criticado destaca que o direito existe em toda a sua amplitude, porém é a extensão de eficácia da norma que sofrerá restrição. Outra dimensão da defesa do criticado é a questão da dificuldade terminológica no que condiz ao um estudo metodológico do Direito. Com isso, ele responde à crítica sobre a classificação de *normas de eficácia contida*. SILVA, José Afonso da. *Aplicabilidade das normas constitucionais*. 7. ed. São Paulo: Malheiros, 2007. p. 272-273 e 274-275.

[218] SILVA, Virgílio Afonso da. *Direitos fundamentais* conteúdo essencial, restrições e eficácia. 2. ed. São Paulo: Malheiros, 2010. p. 223, 229-230 e 246-247; SARLET, *A eficácia dos direitos fundamentais*. p. 259.

nos respectivos incisos, está-se diante da necessidade dos órgãos e das instituições relativas às relações internacionais serem criadas ou regulamentadas. No entanto, os princípios ali elencados não podem ser restringidos pela atuação do legislador, nem, *prima facie*, por ato normativo do Presidente da República (Chefe de Estado). Nesse caso, está diante um âmbito de proteção absoluta na incidência dos princípios.[219]

Isso pelo fato de a função dos princípios emanados do art. 4º da CF terem seu *suporte fático amplo* (emprega-se a teoria externa) e suas incidências baseadas na observação dos princípios perante os casos concretos produzidos no seio das relações internacionais. A regência do Estado brasileiro (enquanto agente) nas relações internacionais por um ou mais princípio(s) do art. 4º da CF é, por si só, a plena concretude da norma constitucional. É o ato ou fato administrativo que aos princípios se enquadre, a própria concretização dos mesmos. Está-se diante da regência dos princípios. Trata-se de uma concretude específica de direito administrativo, pois a Administração no Estado de Direito só pode agir em observação à *lei* e à Constituição. Ela deve ser a fiel cumpridora das finalidades assinaladas no ordenamento jurídico, pois à atividade administrativa é defesa fazer o que está omisso. Exige-se do Estado-administração a relação de subsunção entre a norma permissiva e o ato administrativo (art. 5º, II, art. 37, *Caput*, art. 84, IV, da CF).[220]

Em relação ao inciso X do art. 4º da CF, quando se referir ao acesso ao asilo político – e não à sua promoção e defesa –, ter-se-ia

---

[219] SILVA, Virgílio Afonso da. *Direitos fundamentais* conteúdo essencial, restrições e eficácia. 2. ed. São Paulo: Malheiros, 2010. p. 245. A defesa de José Afonso da Silva em relação a existência das normas de eficácia contida feita por Virgílio Afonso da Silva acentua que o crítico insiste em chamar tais normas como *normas de eficácia restringível*, quando na verdade não é a terminologia utilizada pelo criticado. Também salienta que o crítico ignorou o campo normativo em que normas de eficácia plena existem além da esfera dos direitos e garantias individuais em que se localizam as chamadas normas de eficácia contida. Além disso, chama a atenção para a incompatibilidade dos pressupostos de análise utilizados pelo crítico em face da posição teórica adotada pelo criticado. Outro ponto de defesa à crítica crucial é o refute à assertiva de que toda a norma que garante direitos fundamentais pode sofrer restrições e pode, às vezes, sofrer restrições. O crítico chama a atenção do perigo que representa essa assertiva de forma genérica e absoluta, justamente pelo fato da fluidez, conforme o caso concreto, do conteúdo essencial dos direitos fundamentais, sendo complicado *a priori* fixá-los e defini-los. Nesse caso, segundo o criticado, caberia o emprego da regra de proporcionalidade que, ao seu turno, também é uma regra de contornos imprecisos, dependendo da visão-de-mundo do aplicador do Direito. SILVA, José Afonso da. *Aplicabilidade das normas constitucionais*. 7. ed. São Paulo: Malheiros, 2007. p. 276-280. Embora se tenha abordado direitos fundamentais, a mesma defesa feita por José Afonso da Silva cabe aos princípios constitucionais das relações internacionais.

[220] MELLO, Celso Antônio Bandeira de. *Curso de direito administrativo*. 13. ed. São Paulo: Malheiros, 2001. p. 773-774.

a sua inclusão dentre as normas denominadas de *eficácia limitada*,[221] cuja realização está atrelada à ação do Estado, para produzir a plenitude de efeitos. Desta forma, cabe ao Estado-legislador estabelecer os procedimentos para o pedido de asilo.

4.2. Efetividade

A efetividade condiz com a coincidência do comportamento social com os modelos normativos traçados pelas prescrições jurídicas.[222] Embora tais prescrições sejam formuladas de forma abstrata (em maior ou menor grau), elas tornam-se efetivos quando materializados pelas condutas sociais, ou seja, tornam-se fatos. Dessa forma, está-se diante da faceta do Direito como fato social. Os fatos, nesse sentido, ficam subordinados às prescrições jurídicas.[223]

Contemporaneamente, os princípios ocupam espaço importante na natureza, na validade e no conteúdo constitucional. Destacam-se por sua função normativo-axiológica fundamental da base constitucional e, por conseguinte, do ordenamento jurídico. Por isso, os princípios, na fase atual do Direito e do constitucionalismo, devem ser aplicados, também no sentido de subordinar uma série de regras, atos e fatos jurídicos.[224] Portanto, nos princípios existe normatividade, ela deve ser reconhecida e efetivada.

Com o objetivo de diferenciar o campo de efetividade dos princípios constitucionais das relações internacionais, classificar-se-á, a título exemplificativo, em efetividade imediata e mediata.

4.2.1. Efetividade imediata

No caso do art. 4º da CF, a efetividade imediata situa-se na verificação do seu cumprimento no âmbito administrativo e legis-

---

[221] Denominação questionada por Virgílio Afonso da Silva, por entender que todas as normas podem nela se encaixarem pelo fato de necessitarem de uma série de regulamentações para produzirem os efeitos desejados. SILVA, Virgílio Afonso da. *Direitos fundamentais* conteúdo essencial, restrições e eficácia. 2. ed. São Paulo: Malheiros, 2010. p. 236.

[222] CALABRÒ, Gian Pietro. *Diritto alla sicurezza e crisi dello stato costituzionale*. Torino: G. Giappichelli, 2000. p. 55.

[223] MELLO, Marcos Bernardes de. *Teoria do fato jurídico*. Plano da existência. 13. ed. São Paulo: Saraiva, 2007. p. 13-14 e 15.

[224] BONAVIDES, Paulo. *Curso de direito constitucional*. 19. ed. São Paulo: Malheiros, 2006. p. 264, 265 e 267.

lativo das relações internacionais do Estado brasileiro, já que o art. 4º da CF traz definições de comportamento que o Estado brasileiro deve adotar como pessoa jurídica de direito internacional.[225] A dimensão empírica[226] oferece os dados comprobatórios de sua efetivação ou violação. Por conseguinte, observar-se-á a efetividade quando da atuação dos órgãos do Estado no âmbito internacional, ou seja, em plena relação internacional. Independente de o Estado brasileiro estar em comunicação com outro Estado ou órgão internacional. O ato administrativo emanado nessas circunstâncias deve observar os ditames constitucionais, além dos relativos às normas internacionais.

Destaca-se que se refere a princípios destinados ao Estado, a ele cabe efetivá-los. A efetivação depende de contornos normativos de atos administrativos, legislativos e judiciais[227] que envolvem uma série de procedimentos ligados ao princípio da legalidade,[228] ao qual o Estado-administração-legislador-julgador está estritamente vinculado pelas exigências do Estado de Direito constitucional. Em essência é a incidência da norma constitucional que deve prevalecer na ação do Estado brasileiro no plano internacional. Não cabe ao aplicador tornar relativo às prescrições dos princípios, pois nesse aspecto os mesmos possuem a qualidade de constritor e heterodelimitador.[229]

Por isso, pode-se invocar o princípio da reserva legal(-da dimensão constitucional), ao exigir que toda a ação do Estado-administrador seja autorizada por lei,[230] no caso, orientada pelos princípios do art. 4º da CF. Além disso, ao observar tais princípios o Estado-administrador, o Estado-legislador e o Estado-julgador estão em consonância com normas-princípio constitucionais. Exigência primacial do Estado de Direito constitucional.

---

[225] SILVA, José Afonso da. *Comentário contextual à constituição*. 7. ed. São Paulo: Malheiros, 2010. p. 32.

[226] SILVA, Virgílio Afonso da. *Direitos fundamentais* conteúdo essencial, restrições e eficácia. 2. ed. São Paulo: Malheiros, 2010 p. 240.

[227] ÁVILA, Humberto. *Teoria dos princípios* da definição à aplicação dos princípios jurídicos. 13. ed. São Paulo: Malheiros, 2012. p. 84-85.

[228] MENDES, Gilmar Ferreira, COELHO, Inocêncio Mártires e BRANCO, Paulo Gustavo Gonet. *Curso de direito constitucional*. 2. ed. São Paulo: Saraiva, 2008. p. 158-159.

[229] ÁVILA, Humberto. *Teoria dos princípios* da definição à aplicação dos princípios jurídicos. 13. ed. São Paulo: Malheiros, 2012. p. 141.

[230] MENDES, Gilmar Ferreira, COELHO, Inocêncio Mártires e BRANCO, Paulo Gustavo Gonet. *Curso de direito constitucional*. 2. ed. São Paulo: Saraiva, 2008. p. 831.

4.2.2. Efetividade mediata

A sociedade será atingida na medida em que o Estado brasileiro for beneficiado ou prejudicado por suas ações ou fatos na seara internacional. Dessa forma, a efetividade mediata condiz com os reflexos no meio social, que serão sentidos após a concretização ou não, por parte do Poder Executivo e/ou Poder Legislativo, de acordos, de pactos, de adesão, de resolução e de observância de costume de atos ou de fatos jurídico-políticos do Estado brasileiro em âmbito internacional e nacional.

Contudo, para que o Estado brasileiro mantenha sua postura tradicional no campo internacional, o art. 4º da CF carrega os princípios fundamentais que o regem quando de suas relações com outros entes de direito internacional. Isso faz com que os interesses estabelecidos na Constituição também irradiem seus efeitos à sociedade, que é fundamento do Estado brasileiro.

5. Função do princípio do art. 4º, II, da CF

5.1 Prelúdio

Como visto no embasamento teórico dos primeiros tópicos, os princípios do art. 4º CF formam um sistema que oferecem uma textura aberta para o intérprete legitimar a norma por meio da vinculação com os valores fundamentadores da ordem jurídica. Essa abertura favorece a aproximação do texto constitucional (*law in the books*) com a realidade da vida social. Isso faz com que a *law in action* projete, em termos constitucionais, uma *living constitution*. Há que se destacar que a abertura constitucional que ocorre por meio da abstração, generalidade, determinação e *fundamentalidade* dos princípios, por si só, instalaria um ambiente de indeterminação pela inexistência de regras precisas. Por conseguinte, estar-se-ia diante de um espaço de insegurança jurídica e da incapacidade de reduzir a complexidade do sistema.[231]

Por isso, o sistema jurídico necessita de regras, pois elas limitam a racionalidade prático-jurídica, no sentido de estabelecer determinada precisão para os jurisdicionados e intérpretes. Dessa forma elas reduzem o conflito entre interpretações, pois, apenas uma regra deve prevalecer. Nota-se que um sistema só de regras – legalismo – empobreceria as possibilidades de desenvolvimento do sistema jurídico, exigindo uma legislação exaustiva e completa, sem espaço para ponderações e justificações deontológicas.[232]

---

[231] CANOTILHO, José Joaquim Gomes. *Direito constitucional e teoria da constituição*. 5. ed. Coimbra: Almedina, 2002. p. 1144, 1146-1147; ALEXY, Robert. *Theorie der Grundrechte*. Frankfurt am Main: Suhrkamp, 1994. p. 91-92.

[232] CANOTILHO, José Joaquim Gomes. *Direito constitucional e teoria da constituição*. 5. ed. Coimbra: Almedina, 2002. p. 1146-1147.

5.2. Função do princípio da prevalência dos direitos humanos

Deixa-se assinalado que todas as proposições jurídicas, no caso, as constitucionais, são destinadas a serem aplicadas a eventos fáticos. Trata-se da força normativa da Constituição. Dessa forma, os princípios situados no art. 4º da CF são princípios materiais, que carregam valores substancias à ordem jurídica. Contudo, em termos formais lhes faltem a conexão explícita e imediata entre o *suporte fático* e a consequência jurídica, no entanto, conduzem a regulações[233] e a comportamentos – no caso, das relações internacionais do Estados brasileiro.[234] Nesse sentido, os atos referentes às relações internacionais são limitados, conformados e dirigidos positivamente por esses princípios jurídico-políticos constitucionais.[235] Aqueles atos que violarem os parâmetros de compreensão desses princípios devem ser considerados inconstitucionais.

As consequências normativas dos princípios estão atreladas à razão (objetivo, tarefa) à qual estão direcionadas diante do caso concreto, em termos de espécie e não de objeto de comportamento, a fim de alcançar o *estado de coisas*.[236] Nessa situação, os casos concretos estão vinculados às relações internacionais do Estado brasileiro. Sendo assim, o comportamento necessário para realização da preservação, *e.g.*, da *prevalência dos direitos humanos* ou do *repúdio ao racismo* deve ser adotado, com a prática de comportamentos condizentes à realização dos mandamentos jurídicos. Os princípios não possuem caráter descritivo de comportamento, porém não se pode ignorar que seus textos normativos indiquem espécies de comportamentos a serem adotados.[237] No texto encontra-se o núcleo de

---

[233] LARENZ, Karl. *Derecho justo*. Fundamentos de etica juridica. Trad. Luis Díez-Picazo. Madrid: Civitas, 2001. p. 33.

[234] SILVA, José Afonso. *Comentário contextual à constituição*. 7. ed. São Paulo: Malheiros, 2010. p. 32.

[235] CANOTILHO, José Joaquim Gomes. *Constituição dirigente e vinculação do legislador*. Contributo para a compreensão das normas constitucionais programáticas. Coimbra: Coimbra, 1994. p. 285; SILVA, José Afonso da. *Curso de direito constitucional positivo*. 16. ed. São Paulo: Malheiros, 1999. p. 97.

[236] ÁVILA, Humberto. *Teoria dos princípios* da definição à aplicação dos princípios jurídicos. 13. ed. São Paulo: Malheiros, 2012. p. 82 e 90.

[237] ÁVILA, Humberto. *Teoria dos princípios* da definição à aplicação dos princípios jurídicos. 13. ed. São Paulo: Malheiros, 2012. p. 47-48 e 72; *vide*: MELLO, Marcos Bernardes de. *Teoria do fato jurídico*. Plano da existência. 13. ed. São Paulo: Saraiva, 2007. p. 20-24; BONAVIDES, Paulo. *Curso de direito constitucional*. 19. ed. São Paulo: Malheiros, 2006. p. 257-258.

sentido mínimo de existência de um consenso.[238] No caso do art. 4º, II, da CF encontra-se a prescrição da regência dos princípios em termos de prevalência dos direitos humanos. Está-se diante de limite da competência dos Poderes Executivo e Legislativo em face das relações internacionais.[239] Sendo que tal princípio é fundamento jurídico para a política[240] internacional do Estado.

5.2.1. Competência do exercício das relações internacionais

Nesse sentido e conforme a regra de competência[241] constitucional, cabe ao Poder Executivo conduzir as relações internacionais do Estado brasileiro e, por conseguinte, interpretar[242] e concretizar os princípios constantes do art. 4º da CF. Contudo a natureza aberta de tais princípios requerem, por parte do intérprete, espaço de discricionariedade em conduzir as relações internacionais a fim de que se determinem as decisões políticas na seara internacional. Destaca-se que a ordem constitucional que acarreta no exercício de cargo político desempenha função reguladora e normativa. Ela converte o poder político de um *imperium* de força ilimitada em autoridade controlável e limitada pelo direito. Com isso, tem-se no texto normativo constitucional os limites e os fundamentos do limite de atuação do poder.[243]

---

[238] BARCELLOS, Ana Paula de. Anotação preliminar sobre o conteúdo e as funções dos princípios. In: CANOTILHO, J.J. Gomes; MENDES, Gilmar F.; SARLET, Ingo W. et all. *Comentários à Constituição do Brasil*. São Paulo: Saraiva/Almedina, 2013. p. 100.

[239] PONTES DE MIRANDA. Francisco Cavalcanti. *Comentários à constituição de 1946*. v. I, 2. ed. São Paulo: Max Limonad, 1953. p. 331; BADURA, Peter. *Staatsrecht*. Systematische Erläuterung des Grundgesetzes für die Bundesrepublik Deutschland. 2 Aufl. München: C.H.Beck, 1996. p. 326.

[240] CANOTILHO, José Joaquim Gomes. *Constituição dirigente e vinculação do legislador*. Contributo para a compreensão das normas constitucionais programáticas. Coimbra: Coimbra, 1994. p. 463.

[241] ÁVILA, Humberto. *Teoria dos princípios* da definição à aplicação dos princípios jurídicos. 13. ed. São Paulo: Malheiros, 2012. p. 1153; GUASTINI, Ricardo. *Le fonti del diritto*. Fundamenti teorici. Milano: Giuffrè, 2010. p. 163.

[242] Não se pode ignorar, como será tratado em outro texto, que ao interpretar a Constituição, o intérprete deve ter em conta o princípio da concordância prática para não infringir o texto constitucional. HESSE, Konrad. *Grundzüge des Verfassungsrechts der Bundesrepublik Deutschland*. 19 Aufl. Heidelberg: Müller, 1993. p. 27-28; SARLET, Ingo Wolfgang, MARINONI, Luiz Guilherme; MITIDIERO, Daniel. *Curso de direito constitucional*. 3. ed. São Paulo: Revista dos Tribunais, 2014. p. 223-224.

[243] LOMBA, Pedro. *Teoria da responsabilidade política*. Coimbra: Coimbra, 2008. p. 11, 12-13.

Dessa forma, diante da amplitude dos princípios, o Poder Executivo da União (art. 21, I, da CF, ao Chefe de Estado) tem o poder-dever[244] de escolher a sua política dentro dos limites interpretativo-textuais dos princípios[245] (art. 84, IV, da CF), levando em consideração as circunstâncias nacionais e internacionais.[246] Destaca-se que os princípios fundamentais das relações internacionais constituem-se em guia dos dirigentes eleitos e dos agentes diplomáticos no que se refere à postura do Estado brasileiro no plano internacional.[247] Por conseguinte, são princípios que caracterizam uma política de Estado, e não de governo.

Dessa forma, reconhecendo a linguagem como uma interface do Direito, o administrador (Chefe de Estado) ao interpretar o texto normativo não pode atribuir às palavras do texto significados dissonantes do tempo e do lugar, socialmente reconhecidos. As intelecções destoantes da idiossincrasia da individualidade do administrador não devem ser fundamento se estão em desacordo com o reconhecido no meio social. Dessa forma, não compete ao Chefe de Estado interpretar os princípios do art. 4º da CF além da compreensão razoável situada no significado do texto tendo como parâmetro o meio social.[248] Além disso, o caráter de representação política do Chefe de Estado, não o torna irresponsável, pelo contrário o obriga

---

[244] A lógica do dever comanda o direito público. A ideia de função é o dever jurídico de sujeição a cumprir determinada finalidade. Há o exercício do poder-dever para realizar um dever em proveito alheio. MELLO, Celso Antônio Bandeira de. *Discricionariedade e controle judicial*. 2. ed. São Paulo: Malheiros, 2012. p. 15.

[245] UZIEL, Eduardo; MORAES, Henrique Choer; RICHE, Flavio Elias. Entre direito e política externa – elementos para a interpretação do Art. 4º da Constituição. In: *RDCI*. a. 25, v. 99, jan.-fev. 2017, São Paulo: RT. p. 104-105.

[246] A amplitude desses princípios é propícia para o Poder Executivo utilizar sua discricionariedade com maior liberdade, já que o mesmo necessita da mesma para poder sopesar as imprevisibilidades decorrentes do cenário das relações internacionais que é instável. *Vide*: UZIEL, Eduardo; MORAES, Henrique Choer; RICHE, Flavio Elias. Entre direito e política externa – elementos para a interpretação do Art. 4º da Constituição. In: *RDCI*. a. 25, v. 99, jan.-fev. 2017, São Paulo: RT. p. 104-105.

[247] ALMEIDA, Paulo Roberto de. As relações internacionais na ordem constitucional. In: *RIL*. a. 26, n. 101, jan./mar. 1989. Brasília: Senado federal. p. 56.

[248] MELLO, Celso Antônio Bandeira de. *Discricionariedade e controle judicial*. 2. ed. São Paulo: Malheiros, 2012. p. 29-30. Embora é preciso reconhecer que a expressão direitos humanos não se encontra livre de dissensos. Pelo contrário, ela suscita críticas, tanto que a compreensão do que se encaixa em direitos humanos varia conforme a cultura, o tempo e o espaço. *Vide*: NEVES, Marcelo. La fuerza simbólica de los derechos humanos. In: *Doxa* n. 27, Alicante, 2004. p. 156-158. Disponível em: <https://rua.ua.es/dspace/bistream/10045/10034/1/Doxa_27_06.pdf>. Acesso em 23 de setembro de 2017. Mesmo assim, não é lógico nem plausível o Chefe de Estado justificar sua posição política por meio de fundamentos de significados de culturas diferentes a do seu contexto. Ele não adota posições pessoais, mas nacionais.

a ser transparente ao ponto de justificar e fundamentar suas decisões.[249]

Devido à regra de competência[250] privativa do Presidente da República (art. 76, *caput*, da CF)[251] – com a função[252] de Chefe de Estado – (art. 84, VII e VIII, da CF) de manter relações com Estados estrangeiros, acreditar seus representantes diplomáticos (VII) e celebrar tratados, convenções e atos internacionais (*treaty-making power*) – sujeitos ao referendo do Congresso Nacional (VIII), não cabe ao Poder Legislativo tratar tais princípios como normas programáticas nem os regulamentar ou restringi-los. Caberá, quando lhe for de competência, não referendar tratados, convenções e atos internacionais contrários aos princípios constitucionais. Assim como ao Poder Judiciário cabe a defesa da Constituição e das normas em vigor no Estado brasileiro. Com isso, tratados, convenções e atos internacionais referendados, mas inconstitucionais, devem ser declarados como tais e excluídos do sistema jurídico brasileiro pelo Poder Judiciário.

A função do art. 4º da CF, dessa forma, é delimitar e orientar a atuação do Chefe de Estado[253] e seus acreditados nas relações internacionais, tendo como obrigatoriedade de escolherem políticas externas que se encaixem no *suporte fático* dos princípios do referido artigo. No tangente ao Poder Legislativo, a aprovação de tratados, pactos e outros dispositivos normativos para serem internalizados deve passar pela subsunção dos *suportes fáticos dos princípios constitucionais das relações internacionais*. Em caso de conflito, o Poder Legislativo deve não aprovar a internalização de documento oriundo do direito internacional. Assim como o Poder Judiciário deve analisar atos dos Poderes Executivo e Legislativo quando em violação aos princípios do art. 4º da CF.

---

[249] LOMBA, Pedro. *Teoria da responsabilidade política*. Coimbra: Coimbra, 2008. p. 78.

[250] CANOTILHO, José Joaquim Gomes. *Direito constitucional e teoria da constituição*. 5. ed. Coimbra: Almedina, 2002. p. 1153.

[251] SILVA, José Afonso. *Comentário contextual à constituição*. 7. ed. São Paulo: Malheiros, 2010. p. 489; TAVARES, Iris Eliete Teixeira Neves de Pinho. O presidente da república no sistema presidencialista brasileiro. In: *RIL*. a. 33, n. 130, abril./jun. 1996. Brasília: Senado federal. p. 166.

[252] A ideia de função é o dever jurídico de sujeição a cumprir determinada finalidade. Há o exercício do poder para realizar um dever em proveito alheio. MELLO, Celso Antônio Bandeira de. *Discricionariedade e controle judicial*. 2. ed. São Paulo: Malheiros, 2012. p. 14.

[253] *Vide*: GALINDO, George Rodrigo Bandeira. Comentário ao artigo 84, VII. In: CANOTILHO, J.J. Gomes; MENDES, Gilmar F.; SARLET, Ingo W.; STRECK, Lenio L. (Coords.). *Comentários à Constituição do Brasil*. São Paulo: Saraiva: Almedina, 2013. p. 1239.

Nesse sentido, a Constituição brasileira garante a manutenção da identidade do Estado perante a esfera internacional, além de se mostrar alinhada com os preceitos axiológicos da Organização das Nações Unidas. Mas essa restrição e orientação não limita o Poder Executivo de por em prática suas opções políticas. Poderá diante do caso concreto decidir e agir política-juridicamente, a fim de preencher discricionariamente o espaço de compreensão material dos princípios, conforme parâmetros estabelecidos pela própria Organizações das Nações Unidas,[254] regras contidas em tratados, pactos, atos e costumes internacionais e subprincípios, *e.g.*, princípio da não indiferença,[255] derivados dos princípios elencados na Constituição brasileira.

É curial ter em evidência que os poderes decorrentes da competência dos Poderes do Estado, principalmente o Poder Executivo, não deve ser manejado de qualquer forma, fim ou circunstância. Ele é utilizável conforme determinadas circunstâncias, para alcançar certo fins e por meio de determinadas formas. Essas três dimensões devem seguir o princípio da legalidade (constitucionalidade).[256]

Como exemplo da função dos princípios constitucionais das relações internacionais, optou-se em analisar o inciso II, prevalência[257] dos direitos humanos. Isso pelo fato de que tal princípio ser fruto de longo desenvolvimento de concepções de natureza ética concentradas na ideia de dignidade humana (princípio central da Constituição brasileira – art. 1º, III, da CF) e de universalidade do ser humano, desapegado de particularismos. Logo, na esfera do Estado essa ideia dos *direitos humanos*, antecede à internacional. No plano internacional, os referidos direitos adquiriram protagonismo após a Segunda Guerra Mundial e tornaram-se um tema global após a Guerra Fria, reconhecendo o ser humano como um fim e não um meio. Isso denota a concepção da filosofia *kantiana* – o ser humano como um *fim em si mesmo* –, adotada no final do último

---

[254] UZIEL, Eduardo; MORAES, Henrique Choer; RICHE, Flavio Elias. Entre direito e política externa – elementos para a interpretação do Art. 4º da Constituição. In: *RDCI*. a. 25, v. 99, jan.-fev. 2017, São Paulo: RT. p. 108.

[255] Idem, p. 109.

[256] MELLO, Celso Antônio Bandeira de. *Discricionariedade e controle judicial*. 2. ed. São Paulo: Malheiros, 2012. p. 85.

[257] Prevalência é a qualidade daquilo que prevalece, portanto, os direitos humanos. O ato de prevalecer designa ter mais valor, levar vantagem, preponderar e predominar. FERREIRA, Aurélio Buarque de Holanda. *Novo Aurélio Século XXI*: o dicionário da língua portuguesa. 3. ed. Rio de Janeiro: Nova Fronteira, 1999. p. 1636

milênio, como fundamental para a política de direitos humanos da Organização das Nações Unidas.[258]

A primeira consequência que se retira do texto constitucional do inciso II do art. 4º é a de que os direitos humanos devem se sobrepor e serem privilegiados em qualquer decisão que o Estado brasileiro tome em termos de relações internacionais. Dessa forma, pode-se inferir que os direitos humanos localizam-se em primeiro lugar quando os demais princípios não estão envolvidos.[259] Contudo, se diante do caso concreto outros princípios das relações internacionais puderem incidir, será preciso que o agente do Poder Executivo pondere qual o princípio deve prevalecer em sua decisão. Embora o agente do Estado possa atuar discricionariamente, seus argumentos devem ser consistentes para justificar a sobreposição de outro(s) princípio(s) a partir do caso concreto, senão, cairá na arbitrariedade e, por conseguinte, inconstitucionalidade. Isso pelo fato de violar princípio que deveria preponderar. Nesse caso, ultrapassa-se a linha decisória da política e viola-se delimitação jurídica, já que a atividade administrativa está estritamente vinculada à legalidade (constitucionalidade).[260] Ocorrendo violação à supremacia constitucional o ato formal ou material caracteriza-se como inconstitucional.

5.2.1.1. Direito administrativo internacional do Estado

A função dos princípios do art. 4º da CF, que será analisada no tópico seguinte, está relacionada à administração do Estado no plano do Poder Executivo. Com isso, tem-se a incidência do direito administrativo, no entanto, como se trata de uma atuação no âmbito

---

[258] LAFER, Celso. *Comércio, desarmamento, direitos humanos*. Reflexões sobre uma experiência diplomática. São Paulo: Paz e Terra, 1999. p. 146 e 149.

[259] Em voto o Ministro Maurício Corrêa, no HC 82.424 (j. 17-9-2003, P, *DJ* de 19-3-2004), destacou que no Estado democrático de direito os princípios que garantem a prevalência dos direitos humanos devem ser respeitados de forma intransigente. Em outro voto que destaca como argumento a prevalência dos direitos humanos, o Ministro Celso de Mello, no Ext 783 QO-QO, rel. p/o ac. Min. Ellen Gracie (j. 28-11-2001, P. *DJ* de 14-11-2003) chamou a atenção de que todas as pessoas, sem qualquer distinção (no caso um refugiado) devem gozar dos direitos básicos contidos na Carta das Nações Unidas e na Declaração Universal dos Direitos da Pessoa Humana. BRASIL. Supremo Tribunal Federal. *A Constituição e o Supremo*. [recurso eletrônico] 5. ed. Brasília: STF, Secretaria de Documentação, 2016. p. 43-44.

[260] MELLO, Celso Antônio Bandeira de. *Discricionariedade e controle judicial*. 2. ed. São Paulo: Malheiros, 2012. p. 12-13.

internacional também recai o direito internacional público. Trata-se de uma conjugação de disciplinas jurídicas que se entrecruzam com a atuação do Estado-administração no plano internacional.[261] Dessa forma a atuação do Estado brasileiro respeita às normas de direito interno (normas constitucionais e administrativas) e as de direito internacional.

A participação do Estado brasileiro em diversas relações internacionais faz com que seus órgãos internos demandem uma série de regras e princípios de direito administrativo para sua operacionalidade e um conjunto de regras e princípios de direito internacional para a interação do Estado brasileiro com outros Estados soberanos e órgãos internacionais. Por conseguinte, tem-se, nesse específico tópico, uma organização administrativa interior para os assuntos internacionais do Estado brasileiro, prestando serviços que relacionam o Estado e os organismos internacionais a fim de manter os interesses internos do Estado e externos da comunidade internacional.[262]

Por isso, é importante a incidência dos princípios constitucionais das relações internacionais na atividade do Estado brasileiro no exercício das relações internacionais. Além de serem princípios constitucionais, também possuem conteúdo de princípios de direito internacional, formando uma convergência entre o sistema de direito interno do Estado com o direito internacional.

5.3. Casos Brasil *versus* Conselho de Direitos Humanos

Nesse tópico optou-se por analisar dois casos (*exemplum*) para que se possa visualizar a incidência do *suporte fático* no fato jurídico.[263] Os casos foram escolhidos por serem recentes e consistirem em um veto e uma abstenção do Estado brasileiro, no CDH. O primeiro caso condiz com a Resolução A/HRC/34/L.3 (*Mandate of the Independent Expert on the effects of foreign debt and other related international financial obligations of States*) no *56th Meeting, 34th*

---

[261] GUALAZZI, Eduardo Lobo Botelho. Administração internacional do Estado. In: *Forense.* a. 81, v. 292, out./dez., 1985. Rio de Janeiro: Forense. p. 70.

[262] Idem, p. 71, 72 e 74.

[263] Não se aprofundará problemáticas de métodos interpretativos (o que se fará em trabalho específico), mas chamar a atenção de problemáticas vinculadas à efetivação do princípio da prevalência dos direitos humanos diante do caso concreto.

Regular Session Human Rights Council.²⁶⁴ Trata-se de veto do Estado brasileiro em relação à fiscalização sobre a efetivação dos direitos humanos. Desse fato é possível inferir uma colisão entre princípios constitucionais das relações internacionais. Por conseguinte, é um fato jurídico – pois, trata-se de ato administrativo do Estado brasileiro – que oferece distintas dimensões a serem analisadas.

O Segundo caso encontra-se baseado na Resolução A/HRC/34/23 (*Situation of human rights in the Islamic Republic of Iran*) no *56th Meeting, 34th Regular Session Human Rights Council*,²⁶⁵ consistindo em uma abstenção à, então, proposta de resolução de sanção por violação de direitos humanos da República do Irã. Desse fato, é possível situar a posição abstencionista do Estado brasileiro como possível ato administrativo omissivo, pois não se posiciona nem a favor ou contra da Resolução.

5.3.1. Proposta de compromisso do Brasil à Assembleia Geral da ONU²⁶⁶

Para o Estado brasileiro se candidatar a uma das cadeiras do CDH para o período de 2017-2019 foi preciso o envio de uma carta de promessas e compromissos, conforme a resolução 60/251, para a Assembleia Geral da ONU. A carta traz como objetivo promover e proteger os direitos humanos nos planos nacional e internacional. A missiva possui a data de 22 de março de 2016 e é firmada pelo Embaixador e representante permanente Antonio de Aguiar Patriota.²⁶⁷

---

²⁶⁴ Manteve-se o idioma original para facilitar a busca das informações sobre a manifestação da representante do Estado brasileiro, no dia 23 de março de 2017, no CDH da ONU. No endereço na internet (webtv.un.org) encontra-se o vídeo do pronunciamento da acreditada Márcia Canário de Oliveira sobre a posição do Estado brasileiro em relação à Resolução supramencionada.

²⁶⁵ ORGANIZAÇÃO DAS NAÇÕES UNIDAS. Resolution 34/23 – Human Rights Council. Disponível em: <http://documents-dds-ny.un.org/doc/UNDOC/GEN/G17/082/04/pdf/G1708204.pdf/OpenElement>. Acesso em 5 de setembro de 2017.

²⁶⁶ A carta dirigida ao Presidente da Assembleia Geral da ONU pelo representante permanente do Brasil com o objetivo de se candidatar a uma das vagas no CDH se encontra disponível em: <www.un.org/es/comum/docs/?symbol=A/71/78>. Acesso em 30 de outubro de 2017.

²⁶⁷ ORGANIZAÇÃO DAS NAÇÕES UNIDAS. Brasil. Carta de Candidatura para o CDH. www.un.org/es/comum/docs/?symbol=A/71/78. Acesso em 30 de outubro de 2017.

Na primeira (1) proposta de compromisso[268] que se encontra no anexo à carta é o da renovação incondicional de promover e proteger ao máximo os direitos humanos nas dimensões interna ao Estado, na regional e na internacional, destacando a intenção de contribuir com o trabalho do CDH de forma construtiva e inovadora. Na terceira (3) proposta de compromisso do Estado brasileiro encontra-se no reconhecimento da missão do CDH que é apoiar os Estados que se encontram decididos a superar as próprias dificuldades, já que é uma das finalidades do CDH.[269]

Na quarta (4) proposta de compromisso consiste no fortalecimento da vinculação entre desenvolvimento e direitos humanos por meio da atividade do CDH. Na quinta (5) proposta de compromisso o Estado brasileiro destaca que o *"exame periódico universal segue sendo um dos mecanismos mais importante do Conselho de Direitos Humanos e, transcorridos os ciclos completos, é o momento de estudar a possibilidade de seguir aperfeiçoando-o..."*.[270] Na sétima (7) proposta de de compromisso encontra-se declarado que o Estado brasileiro seguirá apoiando os procedimentos especial do CDH.[271]

Na décima (10) proposta de compromisso o Estado brasileiro reafirma sua determinação em contribuir com as atividades do CDH desde que as mesmas possuam uma perspectiva não seletiva, objetiva e universal no que respeita ao tratamento dos direitos humanos. Segundo a vigésima (20) proposta de compromisso, o Estado brasileiro declara que é *"muito importante que o Conselho de Direitos Humanos e o sistema de direitos humanos das Nações Unidas alcancem todo o seu potencial em apoio de cooperação com os países que tratam de solucionar seus respectivos problemas"*.[272]

Na vigésima terceira (23) proposta de compromisso, o Estado brasileiro elenca diversos compromissos voluntários, tendo em conta os citados anteriormente. Na proposta 23b consta a intenção de aumentar, por meio do diálogo, a eficiência e a eficácia do CDH.

---

[268] Seguir-se-á a numeração das propostas e compromissos constante no documento protocolado pelo Estado brasileiro, com a finalidade de facilitar as buscas pelos interessados em pesquisar o tema ou documento. Por isso, a numeração não terá a sequência numérica crescente e sequente.

[269] ORGANIZAÇÃO DAS NAÇÕES UNIDAS. Brasil. Carta de Candidatura para o Conselho de Direitos Humanos. Disponível em: <www.un.org/es/comum/docs/?symbol=A/71/78>. Acesso em 30 de outubro de 2017.

[270] Idem. (Tradução livre do autor)

[271] Idem.

[272] Idem. (Tradução livre do autor)

No tangente a *23c*, *23d* e *23e* o Brasil se compromete em melhorar e fortalecer o exame periódico universal e contribuir na aplicação, de forma efetiva, das recomendações aceitas constante no exame periódico universal. Na *23g* o estado brasileiro destaca que sua atuação será em promover e respeitar os princípios de igualdade e de não discriminação em face da religião, do racismo e das formas conexas de intolerância e discriminação de grupos de vulneráveis.[273]

Cabe destacar que a carta de promessas e compromissos possui outros itens. Destarte, destacou-se aqueles considerados fulcrais ao caso em análise no trabalho, no sentido da argumentação contra os votos de veto e de abstenção do Estado brasileiro no CDH da ONU.

5.3.2. O fato: veto

No dia vinte e três de março de 2017, a representante Márcia Canário de Oliveira, do Estado brasileiro, pronunciou-se no CDH sobre Resolução que tinha como objetivo renovar o mandato de *experts* da ONU em monitorar os impactos das políticas fiscais nos direitos humanos. Um dos argumentos da representante brasileira baseou-se nos ajustes orçamentários e reformas econômicas que estão sendo feitos e perseguidos, até então, nos nove meses do atual "governo Temer" devido à grave recessão econômica pela qual passa o Estado. Destacou que tais ajustes econômicos e financeiros são necessários para que as políticas sociais, os serviços públicos e os direitos sociais, como, *e.g.*, a educação e a saúde sejam garantidas. Isso para salvaguardar os avanços sociais conquistados frente a possíveis recuos. O outro argumento cita a *Draf Resolution* (proposta de resolução) de 2 de junho de 2014, para a Assembleia Geral (*The General Assembly*), *Modalities for the Third International Conference on Financing for Development*.[274] Essa proposta de Resolução é invocada

---

[273] ORGANIZAÇÃO DAS NAÇÕES UNIDAS. Brasil. Carta de Candidatura para o Conselho de Direitos Humanos. Disponível em: <www.un.org/es/comum/docs/?symbol=A/71/78>. Acesso em 30 de outubro de 2017.

[274] ORGANIZAÇÃO DAS NAÇÕES UNIDAS. Disponível em: <webtv.un.org/search/ahrc341.3-vote-item3-56th-meeting-34th-regular-session-human-rights-council/5369682820001?term=brazil&langages=&sort=date#full-text>. Acesso em 17 de maio de 2017; ORGANIZAÇÃO DAS NAÇÕES UNIDAS. Draft Resolution, 2 June 2014. Disponível em: <www.un.org/esa/ffd/consultations/informaConsultationsFfD_DR_3june2014.pdf>. Acesso em 19 de maio de 2017.

no sentido de deslegitimar o CDH de fiscalizar a efetivação dos direitos humanos com base na política financeira do Estado.²⁷⁵

Também, destaca-se que o jornal Folha de São Paulo, noticiou, no dia 23 de março de 2017, o veto do Estado brasileiro contra Resolução do CDH da ONU. O jornal frisou a mudança de posição do Estado brasileiro, já que o mesmo, no máximo, se absteve em outras votações do CDH. No condizente à essa temática, o Brasil apoiou semelhante resolução nos anos de 2008, 2011 e 2014.²⁷⁶

A representante do Brasil na ONU, Maria Nazareth Farani Azevêdo, explicou, o veto valendo-se da política de austeridade econômica. Ela destacou, segundo a matéria do jornal, que a resolução contraria os principais elementos da política econômica do Brasil, fundamentalmente o esforço da retomada do equilíbrio fiscal a fim de preservar as políticas sociais do Estado. Segundo a representante do Estado brasileiro na ONU, o Estado pode implementar reformas estruturais compatíveis com o objetivo de melhorar os serviços sociais, porém, frisou, que a resolução não reconhece essa possibilidade. A resolução foi aprovada por 31 votos a favor, 16 contra²⁷⁷ e nenhuma abstenção.

A notícia do jornal destacou que a resolução determina que a ONU, por meio de um relator, irá analisar os impactos das reformas econômicas sobre os direitos humanos e organizar consultas a especialistas. Segundo a Embaixadora, isso ultrapassa os poderes do CDH. Em resposta, o Itamaraty manifestou que o Estado brasileiro se encontra receptivo para eventuais visitas do relator da ONU, cujo trabalho está previsto na resolução. Além disso, o Itamaraty reafirma o apoio ao sistema internacional de direitos humanos.²⁷⁸

---

²⁷⁵ "OP 13 *Stresses* the need for flexibility in the informal consultation process and the possibility to convene additional consultations and drafting sessions, as required, although not after the conclusion of the third informal consultation;" ORGANIZAÇÃO DAS NAÇÕES UNIDAS. Draft Resolution, 2 June 2014. Disponível em: <www.un.org/esa/ffd/consultations/informaConsultationsFfD_DR_3june2014.pdf>. Acesso em 19 de maio de 2017. OP 13 Enfatiza a necessidade de flexibilizar no processo de consulta informal e a possibilidade de convocar consultas adicionais e sessões propositivas quando necessárias, embora não seja aplicada a terceira consulta informal; (tradução livre do autor).

²⁷⁶ FOLHA de São Paulo. m.folha.uol.com.br/mundo/2017/03/1869055-por-austeridade-brasil-vota-contra-resolucao-de-direitos-humanos-na-onu.shtml#. Acesso em: 28 de março de 2017.

²⁷⁷ Idem.

²⁷⁸ Idem.

5.3.2.1. Aplicação do art. 4º, II, da CF

A partir dos parâmetros morfológicos do art. 4º, II, da CF pode-se inferir se o veto do Estado brasileiro no CDH violou ou não o princípio da prevalência dos direitos humanos. Destarte, é possível transitar por dois fundamentos, conforme defendido pela Embaixadora Maria Nazareth Farini Azevêdo: a) incompetência do Conselho em relação à análise dos impactos das reformas econômicas sobre os direitos humanos por meio de relator e de especialistas; b) ingerência do Conselho na implementação das reformas estruturais compatíveis com o objetivo de melhorar os serviços sociais. Nessa última justificativa pode-se invocar o princípio da não intervenção (art. 4º, IV, da CF), isso pelo fato do CDH não ter considerado que as reformas estruturais poderiam ser compatíveis com o objetivo de melhorar os serviços sociais a partir das decisões políticas do Estado brasileiro, dando o sentido de que tal medida não seria legítima (para a ONU) por parte do Estado.

5.3.2.1.a. Argumento de incompetência

O argumento de incompetência é de difícil prevalência de fundamento, na medida em que a ONU possui órgãos de monitoramento da efetivação dos tratados e o Estado brasileiro participa do sistema da própria ONU. Dessa forma, até 1967 a, então, Comissão de Direitos Humanos posicionava-se de forma abstencionista. Desde então, a Comissão Direitos Humanos assumiu uma postura intervencionista – segundo vocabulário de alguns autores –, no sentido de examinar as violações de direitos humanos.[279] Em 2006, a Assembleia Geral da ONU estabeleceu a Resolução 60/251, que instituiu o Conselho de Direito Humanos (*Human Rights Council*).[280] No ponto 5 (g) da Resolução 60/251 encontra-se estabelecido que

---

[279] LAFER, Celso. *Comércio, desarmamento, direitos humanos*. Reflexões sobre uma experiência diplomática. São Paulo: Paz e Terra, 1999. p. 160-161.

[280] O Conselho foi criado devido à necessidade de avançar na aplicabilidade dos princípios de direitos humanos, cujas características são: universalidade, indivisibilidade, interdependência e interrelacionariedade. Ele surge para reafirmar a capacidade da ONU em gerir a paz e a segurança internacionais. O Conselho de Direitos Humanos situa-se, ainda, como órgão subsidiário da Assembleia-Geral da ONU, podendo emitir recomendação à Assembleia-Geral em relação à atuação com o Estados. MAZZUOLI, Valerio de Oliveira. *Curso de direito internacional público*. 5. ed. São Paulo: RT, 2011. p. 629.

o Conselho assume o papel e as responsabilidades da *Commission on Human Rights* relativas ao trabalho na *Office of the United Nation High Commissioner for Human Rights*.[281]

Por conseguinte, o monitoramento da efetivação dos direitos humanos é extensivo a todos os Estado, não sendo possível, em termos lógico-normativos, um Estado alinhado com o Estatuto da ONU e defensor dos direitos humanos alegar a incompetência da mesma em fiscalizar a efetivação dos direitos humanos, mesmo que seja por meio do CDH. Dessa forma, pode-se entender que a citação da *Draft Resolution*, de 2 de junho de 2014, *OP 13* é meramente retórica, já que se trata de uma proposta de resolução. Logo, não caberia, em termos normativos, fundamentar a ilegitimidade de fiscalização da efetivação por parte CDH, com citada *Draft Resolution*.

Na proposta de compromisso enviada pelo Estado brasileiro para candidatar-se um assento na CDH consta no item 1, 5, 7, 10, 23c, 23d e 23e a declaração de promover e proteger os direitos humanos nas três dimensões (interna, regional e internacional) e, ainda, destaca a intenção de *contribuir, inovadora e construtivamente, com o trabalho do CDH*. Também destacou que o *exame periódico universal* é um dos mecanismos importantes, contribuindo para fortalecer e melhorar sua aplicação, e que apoiará os procedimentos especiais do CDH no sentido de uma política universal e não seletiva.[282] Por conseguinte, se o fundamento da decisão do Estado brasileiro pelo veto da Resolução do Conselho de Direitos Humanos parece ser juridicamente frágil. Nada de substancial se opõe a considerar o veto como violação do inciso II do art. 4º da CF. Isso por causa da ausência de dispositivos interno e externo ao sistema jurídico pátrio que ampare a incompetência da ONU (CDH) em *fiscalizar* a efetivação dos direitos humanos no Brasil, na forma como está proposto e aprovado na Resolução A/HRC/34/L.3. Além disso, encontra-se uma contradição, mesmo que na esfera moral, entre a Proposta de Compromisso do Estado brasileiro e os argumentos de incompetência do CDH.

---

[281] RESOLUÇÃO 60/251 da Organização das Nações Unidas. Disponível em: <https://documents-dds-ny.un.org/doc/UNDOC/GEN/N05/66/PDF/N0550266pdf?>. Acesso em: 10/05/2017.

[282] ORGANIZAÇÃO DAS NAÇÕES UNIDAS. Brasil. Carta de Candidatura para o Conselho de Direitos Humanos. Disponível em: <www.un.org/es/comum/docs/?symbol=A/71/78>. Acesso em 30 de outubro de 2017.

5.3.2.1.b. Argumento de ingerência

Trata-se nesse ponto da análise da colisão entre princípios, que, diferente da colisão entre regras, um dos princípios sobrepõe-se a outro a partir da ponderação diante do caso concreto. No caso do Estado brasileiro reger-se pela prevalência dos direitos humanos, abre espaço para outras tendências do direito internacional que se encaixam em outros princípios, como o do inciso IV, o da não intervenção espécie do gênero do princípio da soberania[283] (art. 1º, I, da CF). Tais tendências consistem em considerar os direitos do homem não pertencentes à jurisdição do Estado, mas considerá-los circunscritos à jurisdição internacional. Surge, então o *direito* ou o *dever* de ingerência.[284]

A ingerência condiz com a assistência humanitária relativa às vítimas de catástrofes naturais e situações de emergência da mesma natureza. Contudo, considera-se que o Estado afligido manteria a soberania, pois cabe ao mesmo a coordenação e a iniciativa da assistência humanitária. Mas em 1990, a Assembleia Geral estabeleceu resolução criando os chamados *corredores de urgência humanitária*, que foi aplicado no Sudão e na Croácia. Conforme a atividade exercida por outros Estados nesses *corredores*, pode se transformar de ingerência em intervenção, o que é ilegítimo na ordem internacional e inconstitucional, o que afetaria o inciso IV (não intervenção) do art. 4º da CF.[285]

Por conseguinte, a partir do caso em análise, cabe estabelecer se se estaria diante de um conflito normativo[286] entre os princípios dos incisos II e IV e, em caso afirmativo, qual dos princípios deve prevalecer. Com isso, ter-se-ia a resposta sobre a violação ou não do inciso II ao votar contra resolução da CDH da ONU. No caso em voga, é preciso atentar para a prevalência dos direitos humanos e para a não intervenção, no sentido da ingerência em dinâmicas internas e soberanas. Diante ao respeito do primado à soberania, o

---

[283] Não se abordará o princípio da soberania pelo fato de manter-se na esfera da análise dos princípios constitucionais das relações internacionais.

[284] MELLO, Celso D. de Albuquerque. *Direito constitucional internacional*. Rio de Janeiro: Renovar, 1994. p. 124.

[285] Idem, p. 124-125.

[286] O conflito consiste na possibilidade de aplicar, ao mesmo caso concreto, duas ou mais normas de consequências jurídicas parcial ou totalmente incompatíveis. SILVA, Virgílio Afonso da. *Direitos fundamentais* conteúdo essencial, restrições e eficácia. 2. ed. São Paulo: Malheiros, 2010. p. 47.

princípio da não intervenção refere-se à proibição do Estado brasileiro admitir que se imiscua em assuntos de natureza interna tanto do Estado brasileiro quanto de outros Estados ou órgãos internacionais. Trata-se da repulsa de qualquer tendência que ameace a organização interna de qualquer Estado.[287] Nesse sentido, encontra-se afastada a aceitação de intervenção de um Estado(s) em outro(s), já que a intervenção fere princípio fundamental do direito internacional, pois afeta a personalidade internacional do Estado. Nesse caso, o constituinte seguiu costume secular brasileiro.[288] Contudo, é constitucionalmente legítimo que o veto do Estado brasileiro esteja baseado na não intervenção, nesse caso? Defende-se que não.

Cabe destacar a ideia de conteúdo essencial *absoluto-dinâmico*. Cada inciso do art. 4º da CF possuem conteúdo essencial. Tal conteúdo refere-se à identidade do princípio em si, sendo que ignorada essa esfera (material-)essencial o princípio caracteriza-se violado. Está-se diante de um parâmetro nuclear do significado do direito contido no princípio, ou seja, um modelo de garantia de conteúdo essencial a não ser desprezado na ação do Estado. Não cabe aqui[289] a análise de cada conteúdo essencial de todos os princípios elencados no art. 4º da CF, mas gizar a existência de uma esfera intransponível de conteúdo, porém temporal. Dessa forma, a palavra *absoluto* não significa imutabilidade, mas implica proteger conteúdo essencial das relativizações, salvo quando ligadas à urgência e à contingência.[290] Embora o tempo possa influir na essência do conteúdo principiológico, é preciso levar em consideração de forma sistemática o sentido de outros dispositivos constitucionais (p. ex.: art. 1º, III, da CF) e jurídico-internacionais no momento da admissão de alteração de sentido de conteúdo. Contudo, a faceta dinâmica empresta ao responsável pelas relações internacionais do Estado maior flexibilidade normativa às mudanças correntes no cenário internacional. Alterações que são constantes e cada vez mais rápidas. Tudo isso, ganha os seguintes contornos: quando da colisão entre princípios for impossível aplicar os princípios colidentes, deve-se optar pela preponderância de um, diante o caso concreto. Ao ocorrer um caso concreto que a incidência normativa a fim de realizar a concretude

---

[287] BULOS, Uadi Lammêgo. *Curso de direito constitucional*. 4. ed. São Paulo: Saraiva, 2009. p. 424.

[288] CRETELLA JÚNIOR, José. *Comentários à constituição brasileira de 1988*. v. I. Rio de Janeiro: Forense Universitária, 1992. p. 173

[289] Isso se fará em outra oportunidade.

[290] SILVA, Afonso da. *Direitos fundamentais, conteúdo essencial, restrições e eficácia*. p. 188 e 245.

da norma exija a ponderação,[291] caberá ao interprete lançar mão das técnicas existentes e disponíveis para resolver o caso concreto. No entanto, há que se manter o conteúdo essencial do princípio incólume. Desta forma, instala-se um grau de relatividade, na medida em que, em face da definição de incidência de norma no caso concreto, princípios poderão ser preteridos perante outros, a partir da regra da proporcionalidade.[292] Mas essa relatividade só recai diante do caso concreto. Ela não poderá partir do legislador. Isso se deve à característica dos princípios do art. 4º da CF, qual seja: são princípios que regem a administração do Estado no que se refere às relações internacionais.

Os argumentos são os seguintes: 1) o Estado brasileiro se submete à ONU, portanto, participa das atividades e aceita as regras da mesma, *e.g.*, no caso de afastar a ideia da ingerência;[293] 2) compõe

---

[291] Destaca-se que nem sempre se utilizará da ponderação na solução de conflitos entre princípios. Ela é convocada quando do conflito horizontal entre princípios, porém nem todos, axiologicamente, encontram-se no mesmo nível nem exercem a mesma função. Em termos de diferenciação de nível e função pode ocorrer a complementariedade ou subordinação entre os princípios. O autor, ao desenvolver a qualificação para a força normativa de determinados princípios, estabelece que a força normativa de alguns princípios caracterizam-se como *condição estrutural*, sem que se possa afastá-los da incidência no caso concreto. ÁVILA, *Teoria dos princípios*. p. 131-135. Contudo, a categoria *condição estrutural* para os princípios contidos no Art. 4º da CF recai bem em termos de relações internacionais. Porém, não os isenta de possíveis conflitos entre os mesmos. P.ex.: quando da opção por uma intervenção militar (bélica) para restabelecer a paz e a prevalência dos direitos humanos em um determinado Estado; ou, da opção pela não intervenção em um Estado violador sistemático e contumaz de direitos humanos. Decisões que só podem ser justificadas perante os dados e as circunstâncias do caso concreto.

[292] Nesse caso, devido às características do Art. 4º da CF as conclusões de Virgílio Afonso da Silva aplicam-se no que diz respeito à regra de proporcionalidade. SILVA, *Direitos fundamentais, conteúdo essencial, restrições e eficácia*. p. 206-207. Seguindo, os princípios constantes do Art. 4º da CF conseguem conviver de forma abstrata, porém diante um caso concreto isso pode ser diferente. Por exemplo: o Estado brasileiro, com assento no Conselho de Segurança da Organização das Nações Unidas se vê no dever de deliberar sobre a intervenção militar no país X que diuturnamente viola direitos humanos. O Estado brasileiro ao aprovar tal intervenção estará agindo de acordo com o Art. 4º, II, no entanto, de alguma forma contrariará esfera de compreensão dos incisos III, IV e VII do mesmo artigo, só para citar os mais evidentes. Ressalta-se que a abstenção e o voto contrário também jogam o Estado brasileiro em observar um ou alguns princípios e violar outros. Nesse sentido, deve-se considerar as argumentações de ÁVILA, *Teoria dos princípios*. p. 73-74.

[293] O Estado brasileiro utilizou texto normativo da Organização das Nações Unidas para justificar a aprovação de envios de tropas militares para Minustah no Haiti. A fundamentação do então Chanceler Celso Amorim foi que não se tratava de intervenção já que o Conselho de Segurança aprovou o envio de força para missão de paz. UZIEL, Eduardo, MORAES, Henrique Choer e RICHE, Flavio Elias. Entre direito e política externa – elementos para a interpretação do Art. 4º da Constituição. In: *RDCI*. a. 25, v. 99, jan.-fev. 2017, São Paulo: RT. p. 108. Para uma perspectiva geral e sumária sobre a intervenção humanitária, *vide*: SANTOS, Raquel Magalhães Neiva. Intervenção e assistência humanitárias à luz do direito internacional. In: *Pensar*. Fortaleza, v. 14, n. 2, p. 392-396. Sobre a participação do Brasil em missões

o CDH, logo, participa do mesmo como membro; 3) fiscalizar não é intervir, mas cuidar para que os direitos humanos, no caso em voga, não fiquem à mercê de questões injustificáveis, *e.g.*, econômicas; 4) a sanção internacional, se for o caso, não é considerada uma intervenção em um Estado, mas uma resposta à violação por descumprimento de obrigação internacional; 5) o veto contraria o princípio da prevalência dos direitos humanos,[294] já que tais direitos devem se sobrepor ao aspecto econômico na opção do Estado; 6) o econômico só poderia impedir a concretude dos direitos humanos, se esgotado estivesse e se todos os recursos econômicos possíveis a essa concretude fossem destinados;[295] 7) se o art. 1º, parágrafo único, da CF declara que todo o poder emana do povo, portanto, é ele soberano, nada é mais benéfico ao povo soberano do que ter efetivado direitos humanos, não podendo representante do mesmo negar a fiscalização da efetivação;[296] 8) o veto contraria, também, o sentido do significado da norma do § 2º do art. 5º da CF que não exclui os direitos e garantias expressos em tratados internacionais dos direitos e garantias constitucionais;[297] 9) o Estado brasileiro reconheceu e ressaltou expressamente na Proposta Compromisso as atividades do CDH, inclusive a que vetou, logo, se a reconheceu a se candidatar para o CDH, nada mais incoerente do que alegar ingerência; 10) quando um Estado opta por investir em trivialidades, *e.g.*, realização de copa do mundo (2014) e de jogos olímpicos (2016), além de

---

internacionais, *vide*: MIYAMOTO, Shiguenoli. A política externa brasileira e as operações de paz. In: *RBEP*. v. 98. Belo Horizonte, 2008. p. 371-391.

[294] Conforme o verbo descrito no texto normativo do *caput*, pois além do significado da palavra prevalência tem-se a conjugação com o verbo reger. Logo, o Estado brasileiro deve reger-se pela prevalência dos direitos humanos e não pelo aspecto econômico, ressalvado os argumentos da ponderação expostos no texto.

[295] Invoca-se norma infraconstitucional que acolheu o Pacto Internacional dos Direitos Econômicos, Sociais e Culturais, o Decreto n. 591/92, em seu Art. 2, 1, que diz: *Cada Estado parte do presente Pacto compromete-se a adotar medidas, tanto por esforço próprio como pela assistência e cooperação internacionais, principalmente nos planos econômicos e técnicos, até o máximo de seus recursos disponíveis, que visem a assegurar, progressivamente, por todos os meios apropriados, o pleno exercício dos direitos reconhecidos no presente Pacto, incluindo, em particular, a adoção de medidas legislativas*. BRASIL. Decreto n. 591, de 6 de julho de 1992. Disponível em: <www.planalto.gov.br/ccivil_03/decreto/1990-1994/d0591.htm>. Acesso em 11 de julho de 2017.

[296] CAMINHA, Maria do Carmo Puccini. Os direitos humanos, os direitos fundamentais e a Constituição brasileira. In: *Forense*. v. 360, mar./abr., 2002. Rio de Janeiro: Forense. p. 78-79.

[297] Trata-se de mais um argumento que enfraquece a opção do Chefe de Estado em adotar decisão política contraditória, no CDH, ao sentido promovido pela Constituição. Se o § 2º do Art. 5º recepciona direitos e garantias decorrentes de tratados internacionais, não parece coerente que o Estado brasileiro vete ou se abstenha propostas de medidas que promovam os direitos humanos no âmbito da ONU. CAMINHA, Maria do Carmo Puccini. Os direitos humanos, os direitos fundamentais e a Constituição brasileira. In: *Forense*. v. 360, mar./abr., 2002. Rio de Janeiro: Forense. p. 73-79.

permitir o esvair-se pela corrupção econômica, e deixa os direitos humanos desprovidos dos recursos possíveis, o argumento de austeridade viola a prevalência dos direitos humanos. A incompetente administração do Estado em termos financeiros não é argumento para justificar a não efetivação dos direitos humanos pela escassez de recursos. Pelo contrário, deve ser justificativa capaz de fundamentar violação dos direitos humanos.

A discricionariedade na administração pública é um poder-dever na medida em que se trata de uma faculdade do administrador em cumprir seu dever legal de alcançar determinada finalidade, no caso, constitucional. Dessa forma, a ideia de discricionariedade no direito público não é a de fazer escolhas livres a partir de parâmetros abstratos e idiossincráticos a serem aplicadas no caso concreto. Para isso deve-se levar em consideração a discricionariedade que resulta do comando da norma (art. 4º, II, da CF) por caber ao Chefe de Estado apreciar a oportunidade adequada e respeitar a finalidade da norma que, mesmo plurissignificativa, não lhe oferece liberdade irrestrita. As opções do dever discricionário materializam-se com os elementos do caso concreto. Destaca-se que se pode estar diante de um vício de intenção, já que o mesmo se procede pela crença incorreta de que a medida escolhida produziria melhores resultados à finalidade pública. Por conseguinte, o *motivo* do ato do Estado brasileiro no CDH fica prejudicado em termos constitucionais, na medida em que o *suporte fático* constitucional não autoriza, no fato em análise, a opção escolhida pelo Estado brasileiro.[298]

Todos esses argumentos afastam a discricionariedade do Chefe de Estado e/ou dos representantes diplomático brasileiros em optar por um ou outro princípio. Cabe destacar que o *fim e não a vontade* prevalece sobre todas as formas de administração.[299] Nesse caso, defende-se que o peso dos bens jurídicos[300] ponderados pendem para a aplicação[301] do princípio da prevalência dos direitos humanos. A decisão política do Estado brasileiro caracteriza-se como

---

[298] MELLO, Celso Antônio Bandeira de. *Discricionariedade e controle judicial*. 2. ed. São Paulo: Malheiros, 2012. p. 15, 16, 19, 69 e 86.

[299] LIMA, Ruy Cirne. *Princípios de direito administrativo*. 6. ed. São Paulo: Revista dos Tribunais, 1987. p. 22; MELLO, Celso Antônio Bandeira de. *Discricionariedade e controle judicial*. 2. ed. São Paulo: Malheiros, 2012. p. 52.

[300] Dentre todos os bens jurídicos vinculados aos direitos humanos, cita-se o fundamental: a dignidade da pessoa humana (Art. 1º, III, da CF).

[301] ALEXY, Robert. *Theorie der Grundrechte*. Frankfurt am Main: Suhrkamp, 1994. p. 78-79; vide: SILVA, Virgílio Afonso da. *Direitos fundamentais* conteúdo essencial, restrições e eficácia. 2. ed. São Paulo: Malheiros, 2010. p. 50-51.

juridicamente inconstitucional, pois todos os argumentos, relativos ao caso concreto, fazem com que o princípio do inciso II preceda ao princípio[302] do inciso IV, sendo que o inciso II foi materialmente violado. Dessa forma, reconhece-se que não existem características de exacerbação das atribuições da ONU em analisar se os direitos humanos estão sendo concretizados no Estado brasileiro ou estão enfraquecidos sob o argumento da austeridade fiscal. Cabe a ela identificar se o Estado brasileiro se encaixa em suas exigências legais ou não.[303]

Pode-se cogitar que a decisão do Estado brasileiro no CDH teve como norte a defesa de interesse da nação a partir da compreensão do Chefe de Estado em assegurar a independência da nação e do governo. Porém, se tal fundamento do interesse, nessa circunstância, fosse invocado, ter-se-iam as seguintes contradições: 1) também é interesse da nação a efetivação dos direitos humanos, principalmente, no condizente aos seus correlatos direitos fundamentais (art. 4°, II, CF c/c art. 5°, § 1°, da CF); 2) também é interesse (fundamento) a dignidade da pessoa humana (art. 1°, III, da CF). Ambos os argumentos fazem com que a proposta de resolução que estava sendo discutida e votada no CDH era de interesse nacional e não governamental.

Nesse caso, salienta-se que as circunstâncias nas quais o Estado brasileiro se apoiou para exercer sua prerrogativa de veto no CDH não se sustenta na relação necessária de pertinência lógica entre seu *suporte fático* e a atividade realizada. Dessa forma, ocorreu violação da idoneidade do ato em face de sua finalidade, pois a *motivação*, como justificativa do ato, não satisfaz o princípio da prevalência dos direitos humanos.[304] É de destacar que o princípio em voga (conjuntamente com os outros do art. 4° da CF) foi uma opção política[305] que constitucionalizada tornou-se um dever juridicamente preponderante.

Por fim, destaca-se que foi a Conferência Mundial sobre Direitos Humanos de Viena (de junho de 1993), produzindo a Declaração

---

[302] ALEXY, Robert. *Theorie der Grundrechte*. Frankfurt am Main: Suhrkamp, 1994. p. 86-87.

[303] LAFER, Celso. *Comércio, desarmamento, direitos humanos*. Reflexões sobre uma experiência diplomática. São Paulo: Paz e Terra, 1999. p. 160-161.

[304] MELLO, Celso Antônio Bandeira de. *Discricionariedade e controle judicial*. 2. ed. São Paulo: Malheiros, 2012. p. 99.

[305] *Vide*: VOLLRATH, Ernst. Menschenrechte als politische Option. In: Heiner Bielefeld; Winfried Brugger; Klaus Dicke (Hrsg.). *Würde und Recht des Menschen*. Festschrift für Johannes Schwartländer zum 70. Geburtstag. Würzburg: Königshausen & Neumann, 1992. p. 236.

e Programa de Ação de Viena,[306] que previu a criação do CDH. O seu objetivo é reforçar a importância dos direitos humanos no âmbito internacional. No que se refere aos argumentos acima, reconhece-se a universalidade dos direitos humanos e da legitimidade da preocupação internacional com sua efetividade. Porém, nesse momento, o mais importante é que o documento confere ilegitimidade ao argumento de falta de condições econômicas e sociais adequadas para justificar as violações aos direitos humanos[307] e, por conseguinte, ter-se violação constitucional em termos de relações internacionais.

5.3.3. O fato: abstenção

Aos vinte cinco dias do mês de março de 2017, o jornal Folha de São Paulo[308] noticiou que o governo brasileiro, conjuntamente com mais 12 Estados,[309] se absteve em uma votação da Resolução 34/23, de vinte e quatro de março de 2017, do CDH da ONU, que acolhe o relatório e as recomendações do relator especial sobre a situação dos direitos humanos na República Islâmica do Irã. Ainda consta na referida Resolução a manifestação de preocupação com a falta de cooperação do Governo iraniano e por ter impedido o relator de ingressar no país. Por fim, a Resolução 34/23 requisita ao Governo da República Islâmica do Irã total cooperação com o relator especial e a permissão de acesso ao país, além de disponibilizar as informações necessárias para o cumprimento da Resolução.[310]

---

[306] A Resolução 60/251 da Assembleia Geral da ONU reporta-se e reafirma à importância da Conferência Mundial de Direitos Humanos de Viena em seu preâmbulo. *Vide*: Disponível em: <https://documents-dds-ny.un.org/doc/UNDOC/GEN/N05/66/PDF/N0550266pdf?>. Acesso em: 10/05/2017.

[307] LAFER, Celso. *Comércio, desarmamento, direitos humanos*. Reflexões sobre uma experiência diplomática. São Paulo: Paz e Terra, 1999. p. 167-168.

[308] FOLHA DE SÃO PAULO. www1.folha.uol.com.br/mundo/2017/03/1869663-brasil-se-abstem-decondenar-ira-em-votacao-de-direitoshumanos-na-onu.shtml. Acesso em 27/03/2017. É destacável que a reportagem do jornal fala, também, em condenação do Irã, contudo não há sanção contra o Irã. O documento da Resolução 34/23 do CDH não fala em sanção. A palavra condenação deve ser entendida como reprovação da conduta do Irã. ORGANIZAÇÃO DAS NAÇÕES UNIDAS. Resolution 34/23 – Human Rights Council. Disponível em: <http://documents-dds-ny.un.org/doc/UNDOC/GEN/G17/082/04/pdf/G1708204.pdf/OpenElement>. Acesso em 5 de setembro de 2017.

[309] *Vide*: ORGANIZAÇÃO DAS NAÇÕES UNIDAS. Resolution 34/23 – Human Rights Council. Disponível em: <http://documents-dds-ny.un.org/doc/UNDOC/GEN/G17/082/04/pdf/G1708204.pdf/OpenElement>. Acesso em 5 de setembro de 2017.

[310] O relator especial deve submeter seu relatório na 37 (trigésima sétima) sessão do CDH e na 72 (septuagésima segunda) sessão Assembleia Geral da Organização das Nações Uni-

A posição de abstenção já ocorrera, segundo o jornal citado, em 2015, no governo da presidente Dilma Rousseff.

O Relatório (*Situation of human rights in the Islamic Republic of Iran*) apresentado no CDH tem sustentação da Resolução 71/204 da Assembleia Geral da ONU.[311] O relatório abrange o período de julho a dezembro de 2016, e os relatos são de aplicação da pena de morte, ou seja, pelo menos 530 pessoas foram executadas em 2016, cerca de 5000 prisioneiros, entre 20 e 30 anos de idade, por delitos ligados a drogas estão "enfileirados" para receberem a pena capital.[312] Também, o Relatório destaca a prática da tortura, como a pena de açoite, do Estado iraniano, dentre outras penas e, conjuntamente, com as precárias condições das pessoas encarceradas. Relata, ainda, diversas prisões de defensores de direitos humanos, particularmente de ativistas dos direitos das mulheres, que sofrem forte discriminação em termos legais e nas práticas sociais, *e.g.*, um grupo de mulheres foi preso por andar de bicicleta em público na cidade Marivan. O argumento, em suma, é que *as mulheres chamam a atenção dos homens e incentivam a corrupção na sociedade.*[313]

A prisão e o cerceamento de liberdade do jornalista exercer a sua profissão também faz parte do cotidiano do Estado Iraniano, segundo o Relatório, conjuntamente com a discriminação e a perseguição de membros de grupos minoritários. A embaixadora do Brasil na Organização das Nações Unidas, Maria Nazareth Farini Azevêdo, justificou que o Irã está fazendo um esforço para promover reformas nesse aspecto. De fato, em dezembro de 2016, o

---

das. ORGANIZAÇÃO DAS NAÇÕES UNIDAS. Resolution 34/23 – Human Rights Council. Disponível em: <http://documents-dds-ny.un.org/doc/UNDOC/GEN/G17/082/04/pdf/G1708204.pdf/OpenElement>. Acesso em 5 de setembro de 2017.

[311] ORGANIZAÇÃO DAS NAÇÕES UNIDAS. Report: Situation of human rights in the Islamic Republic of Iran. Disponível em: <http://www.ohchr.org/EN/HRBBodies/HRC/RegularSessions/Session34/Documents/A_HRC_34_40_AUV.docx>. Acesso em 5 de setembro de 2017.

[312] Idem.

[313] ORGANIZAÇÃO DAS NAÇÕES UNIDAS. Report: Situation of human rights in the Islamic Republic of Iran. Disponível em: <http://www.ohchr.org/EN/HRBBodies/HRC/RegularSessions/Session34/Documents/A_HRC_34_40_AUV.docx>. Acesso em 5 de setembro de 2017. Destaca-se que os direitos humanos na visão dos Estados árabes não são fruto de uma escolha voluntária, nem possuem conotação empírica. Eles estão estritamente vinculados a uma visão transcendente e religiosa. A vontade de Deus encontra-se expressa no Alcorão e na *Sunna* (tradição e costume). Por conseguinte, nessas duas fontes principais advêm especificada a *Shari'a*, a lei islâmica superior, sendo fundamento ultimo dos direitos do ser humano. Contudo, existe uma certa relativização no que concerne a imposição de uma visão religiosa. Isso se dá com a *Nova Carta Árabe* de 2004. PISANÒ, Attilio. *I diritti umani come fenomeno cosmopolita*. Internazionalizzazione, regionalizzazione, specificazione. Milano: Giuffrè, 2011. p. 116-117 e 119.

Presidente Rouhani assinou e declarou a Carta dos Direitos Civis.³¹⁴ A Resolução foi aprovada por 22 votos a favor, 12 votos contra e 13 abstenções.³¹⁵ Segundo o jornal, uma das explicações para a abstenção é o fato do Estado iraniano ser o quinto mercado de exportação de carne brasileira.

5.3.3.1. Aplicação do art. 4°, II, da CF

Com a manifestação à abstenção do Estado brasileiro, tem-se a violação do princípio da prevalência dos direitos humanos. A abstenção consiste numa isenção de tomada de posição do Estado diante de uma realidade de plena violação de direitos humanos, segundo o Relatório apresentado.³¹⁶ Conforme as possibilidades de voto no CDH, o Estado brasileiro poderia ser favorável, desfavorável e se abster à Resolução. Porém, como destacado, o texto constitucional possui princípio específico que rege suas relações internacionais, fazendo com que a discricionariedade decisória do Chefe de Estado se restrinja aos significados normativos dos princípios. Qualquer decisão, mesmo que política, que viole os significados normativos, deverá ser tida como inconstitucional e arbitrária.

Nesse caso, a abstenção significa uma violação ao princípio da prevalência dos direitos humanos (art. 4°, II, da CF), pelos seguintes argumentos: 1) abster-se é isentar de tomar posição, logo, o que faz o *suporte fático* do art. 4°, II, da CF é estabelecer que o Estado brasileiro tem como finalidade a prevalência dos direitos humanos. Por conseguinte, em todas as situações possíveis, o Estado brasileiro deve agir em prol da prevalência dos direitos humanos, isso inclui apoiar outros Estados e órgãos internacionais nesse desígnio;

---

³¹⁴ ORGANIZAÇÃO DAS NAÇÕES UNIDAS. Report: Situation of human rights in the Islamic Republic of Iran. Disponível em: <http://www.ohchr.org/EN/HRBBodies/HRC/RegularSessions/Session34/Documents/A_HRC_34_40_AUV.docx>. Acesso em 5 de setembro de 2017. Para uma apresentação sobre o regionalismo Árabe, *vide*: PISANÒ, Attilio. *I diritti umani come fenomeno cosmopolita*. Internazionalizzazione, regionalizzazione, specificazione. Milano: Giuffrè, 2011. p. 110-134. O autor citado destaca que os Estados árabes foram os últimos a regionalizarem os direitos humanos, sendo que o regionalismo árabe dá-se mais pela ideia cultural do que geográfica (p. 115-116).

³¹⁵ ORGANIZAÇÃO DAS NAÇÕES UNIDAS. Resolution 34/23 – Human Rights Council. Disponível em: <http://documents-dds-ny.un.org/doc/UNDOC/GEN/G17/082/04/pdf/G1708204.pdf/OpenElement>. Acesso em 5 de setembro de 2017.

³¹⁶ O Relatório sobre os direitos humanos na república Islâmica do Irã tem 17 páginas. Ele traz uma série de fatos de violações de direitos humanos. O texto não se preocupou em citar tais casos, que podem ser acessados pela leitura do Relatório, mas procurou citar as situações gerais de violação dos direitos humanos.

2) viola o princípio da cooperação entre os povos para o progresso da humanidade, pois ao invés de fortalecer a proposta de Resolução do Conselho, optou por se abster;[317] 3) o argumento de que a República Islâmica do Irã está se esforçando para promover reformas em prol dos direitos humanos, não é suficiente para não constatar violações aos mesmos. Violados os direitos humanos, cabe ao CDH (dentro de suas regras) expor as violações. Isso não significa que o Estado brasileiro tenha que se abster, mas significa que o Estado brasileiro, ao saber das violações, deve condená-las; 3) além disso, segundo a Resolução, a República Islâmica do Irã precisa cooperar com a relatoria da ONU, dando-lhe acesso aos dados e fatos. Ainda, não existe a previsão de sanção contra o Estado iraniano. Sendo assim, o Estado brasileiro sabendo desse fato não poderia ter se abstido, mas rechaçado com veemência pela falta de mínimo de cooperação e abertura; 4) nesse caso, ao contrário do outro, a aprovação da resolução não se contraporia a outros princípios do art. 4º da CF, quando muito com o da não intervenção – aqui pode se invocar os mesmos argumentos do caso do veto; 5) o voto a favor da Resolução não impede que, ao mesmo tempo, se mantenha um diálogo aberto com a República do Irã. Nada juridicamente obstaculiza que isso possa ocorrer, porém sabe-se que, politicamente, o Estado iraniano poderia cortar ou dificultar as suas relações econômicas e políticas com o Estado brasileiro, como forma de retaliação. Dessa maneira, o Estado brasileiro pode ter privilegiado suas relações comerciais ou outras que tenha com o "parceiro" Irã, em detrimento do respeito aos direitos humanos, contrariando o *suporte fático da prevalência dos direitos humanos*.

A posição de abstenção do Estado brasileiro, ainda, contradiz a sua Proposta de Compromisso enviada à Assembleia Geral da ONU a fim de participar no biênio 2017-2019 do CDH. Dentre as propostas de compromissos do Estado brasileiro, as que estão em contradição ao veto são: a) a primeira (1) que traz o compromisso de promover e proteger ao *máximo dos direitos humanos,* inclusive no âmbito internacional, contribuindo de forma inovadora e construtiva com o CDH; b) a quarta (4) consiste no fortalecimento do vínculo entre desenvolvimento e direitos humanos por intermédio da atividade do CDH; c) na sétima (7) o Estado brasileiro declara seu compromisso em apoiar os procedimentos especiais do CDH; d) a vigésima (20) em que destaca a importância do CDH e o sistema de

---

[317] *Vide*: SARLET, Ingo Wolfgang; FENSTERSEIFER, Tiago. *Princípios do direito ambiental.* 2. ed. São Paulo: Saraiva, 2017. p. 225.

direitos humanos da ONU no sentido da cooperação com os países que desejam solucionar seus respectivos problemas; e) na vigésima terceira (23 *b, c, d* e *e*) consta o compromisso aumentar a eficiência e eficácia do CDH por meio do diálogo, fortalecer o exame periódico universal e contribuir na aplicação das recomendações aceitas constante no exame periódico universal; f) na vigésima terceira (23 *g*) consta que o Estado brasileiro atuará em prol da promoção e do respeito dos princípios da igualdade e de não discriminação em face da religião, do racismo e das formas conexas de intolerância e discriminação de grupos de vulneráveis.[318]

Por esses argumentos (*compromissos*), nota-se que a abstenção do Estado brasileiro não possui fundamento jurídico nem ético, já que o relatório referente aos problemas do Irã aponta para uma série de questões que o Estado brasileiro se comprometeu expressamente a combater junto ao CDH.

---

[318] ORGANIZAÇÃO DAS NAÇÕES UNIDAS. Brasil. Carta de Candidatura para o Conselho de Direitos Humanos. Disponível em: <www.un.org/es/comum/docs/?symbol=A/71/78>. Acesso em 30 de outubro de 2017.

6. Conclusão

O tema desenvolvido refere-se à área de direito constitucional. Embora o art. 4º da CF discipline as relações exteriores do Estado brasileiro, os princípios incidem diretamente nas ações ou omissões dos representantes do Estado quando esse está se relacionando com pessoas jurídicas de direito internacional. Dessa forma, os princípios do art. 4º da CF possuem a função de delimitação de espaço de discricionariedade para o Estado brasileiro. Poderá o Chefe de Estado e seus acreditados atuar no âmbito internacional conforme suas opções e decisões políticas desde que respeitado os limites constitucionais. Isso pelo fato de as escolhas políticas estarem no âmbito de competência do Chefe de Estado.

Dessa forma, optou-se por estabelecer as diretrizes fundamentais do Estado de Direito constitucional, já que se trata da característica jurídica brasileira, para se compreender a função dos princípios do art. 4º da CF. Logo, identificou-se o sentido dos princípios das relações internacionais como abertura comunicacional com os valores contidos no direito internacional. Tais valores constitucionais e internacionais estabelecem uma simetria material normativa que estabelece uma consonância entre o Estado brasileiro e o plano internacional. Por isso, a importância da função dos princípios do citado artigo. Além disso, outra dimensão de abertura encontra-se na própria textura ampla dos princípios. Dessa forma, facilitar ao agente político competente adequar as suas ações políticas ao amplo suporte fático dos sentidos dos princípios. Ainda, em termos de abertura, deve-se reconhecer nesses agentes a legitimidade de intérpretes dos textos constitucionais. Por isso, utilizou-se concepções do jurista alemão Peter Häberle.

A abertura constitucional conduz à necessidade de um mecanismo de encaixe entre a realidade constitucional e a internacional. Por conseguinte, optou-se pela dinâmica da solidariedade ao invés da cooperação (de Peter Häberle). O principal argumento para sustentar a solidariedade é o objetivo constitucional de transforma a sociedade brasileira em solidária (art. 3º, I, *in fine*, da CF). A interface desse objetivo exige uma postura de solidariedade ou, no mínimo, uma interpretação constitucional voltada à ideia de solidariedade. Sem ser solidário, não se alcança o objetivo de ser solidário. Também, a proximidade da ideia de cooperação e de solidariedade fez com que se pudesse manter como base a teoria de Peter Häberle.

Com essas duas dimensões estruturais normativas do Estado brasileiro retiram-se duas conclusões substanciais. A primeira está calcada na normatividade constitucional. O fato de os princípios constitucionais das relações internacionais serem parte do texto constitucional significa que os mesmos constituem a reserva constitucional, função angular do Estado de Direito constitucional. Por consequência, isso é uma questão inultrapassável à discricionariedade de qualquer espaço competência existente no texto constitucional. Seria contraditória ou antinômica a existência de uma reserva constitucional e, ao mesmo tempo, a possibilidade de ignorá-la. Por isso, as normas retiradas do art. 4º da CF são constitucionais e precisam ser tratadas como constitucionalmente vinculativas. As características da abertura e da solidariedade da estrutura constitucional flexibilizam o Chefe de Estado na escolha de decisões políticas perante a variabilidade de opções e de situações que se apresentam no cenário das relações internacionais. Se não existisse essa amplitude normativa, o Chefe de Estado seria o representante direto do Poder Legislativo e indireto do Estado brasileiro.

O próximo passo foi identificar se o art. 4º da CF continha princípios ou regras. Dessa forma, fez-se uma análise do texto do citado artigo. Nessa análise, os encaixes conceituais atribuídos aos princípios foram se enfronhando de tal forma nos parâmetros do texto constitucional que se concluiu que se tratavam de princípios, e não de regras. Com isso, o enunciado do *caput* do art. 4º da CF refere-se acertadamente a princípios. As características das regras reduziriam consideravelmente o espaço de discricionariedade política do Chefe de Estado nas relações internacionais. Por conseguinte, antes da realização de uma análise específica dos princípios, coube situar a eficácia normativa. Para isso optou-se pela classificação de Ingo Wolfgang Sarlet. Esse autor atribui dois níveis de eficácia: alta e baixa densidade normativa. As normas de alta densidade normativa não requerem nenhum tipo de complemento legislativo, as de baixa requerem um complemento legal, porém, possuem força normativa suficiente para serem aplicadas. No caso dos princípios do art. 4º da CF têm-se normas de alta densidade normativa. E eles são efetivados no âmbito do Poder Executivo quando o Chefe de Estado e/ou seus acreditados estão atuando em quaisquer relações internacionais.

Para analisar a função dos princípios do art. 4º da CF, optou-se pelo exemplo do inciso II (prevalência dos direitos humanos). Justamente por ter sido o princípio que estava em voga nos últimos encontros do CDH da ONU, o qual o Estado brasileiro possui assento para o biênio (2017-2019). Os critérios de atualidade e de relevância fizeram que tal princípio fosse escolhido. Para projetar sua incidência foi preciso escolher dois fatos jurídicos concretos. Optou-se pela análise de duas decisões do Estado brasileiro. O primeiro trata de veto à Resolução A/HRC/34/L.3 (*Mandate of the Independent Expert on the effects of foreign debt and other related international financial obligations of States*) no *56th Meeting, 34th Regular Session Human Rights Council*. O veto possibilitou uma análise dos argumentos utilizados na sessão do CDH e na entrevista da Embaixadora divulgada pelo jornal Folha de São Paulo.

O segundo trata de abstenção à Resolução A/HRC/RES/34/23 (*Situation of human rights in the Islamic Republic of Iran*) no *56th Meething, 34th Regular Session Human Rights Council*. A abstenção configura-se na tentativa de se manter neutro em relação às recomendações feitas à República Islâmica do Irã, sendo que o Estado brasileiro encontrava-se ciente das violações de direitos humanos e das barreiras impostas ao relator da Organização das Nações Unidas na tentativa de verificar a situação efetivação dos direitos humanos.

Feita a análise da incidência do suporte fático do princípio do inciso II nos fatos jurídicos narrados, restou a conclusão que as decisões do Estado brasileiro violaram o sentido do inciso II, mesmo considerando uma possível colisão entre princípios. Embora o Estado brasileiro possa adotar qualquer decisão perante a Organização das Nações Unidas, ele não possui essa liberdade em face do âmbito interno, pois a Constituição delimita a suas opções nas relações internacionais. Por isso, não se tratou de violação de direito internacional, mas de direito constitucional. Às decisões do Estado brasileiro faltaram-lhe o apoio da legalidade – violação ao princípio constitucional – e da legitimidade – caráter fundamental e democrático do texto constitucional.[319]

---

[319] CALABRÒ, Gian Pietro. *Diritto alla sicurezza e crisi dello stato costituzionale*. Torino: G. Giappichelli, 2000. p. 53-54.

Referências bibliográficas

ADEODATO, João Maurício. *A retórica constitucional*. São Paulo: Saraiva, 2009.

ALEXY, Robert. *Theorie der Grundrechte*. Frankfurt am Main: Suhrkamp, 1994.

ALMEIDA, Paulo Roberto de. As relações internacionais na ordem constitucional. In: *Revista de Informação Legislativa*. a. 26, n. 101, jan./mar. 1989. Brasília: Senado Federal. p. 47-70.

ÁVILA, Humberto. *Teoria dos princípios*: da definição à aplicação dos princípios jurídicos. 13. ed. São Paulo: Malheiros, 2012.

BADURA, Peter. *Staatsrecht*. Systematische Erläuterung des Grundgesetzes für die Bundesrepublik Deutschland. 2. Aufl. München: C.H.Beck, 1996.

BARBOSA, Leonardo Augusto de Andrade. *História constitucional brasileira: mudança constitucional, autoritarismo e democracia no Brasil pós-1964*. Brasília: Câmara dos Deputados, 2012.

BERCOVICI, Gilberto. *Constituição econômica e desenvolvimento*. Uma leitura a partir da constituição de 1988. São Paulo: Malheiros, 2005.

BOBBIO, Norberto. *Teoria da norma jurídica*. Trad. Fernando Pavan Baptista, Ariani Bueno Sudatti. 4. ed. Bauru: Edipro, 2008.

BONAVIDES, Paulo. *Curso de direito constitucional*. 19. ed. São Paulo: Malheiros, 2006.

BRASIL. Decreto n. 591, de 6 de julho de 1992. <www.planalto.gov.br/ccivil_03/decreto/1990-1994/d0591.htm>. Acesso em 11 de julho de 2017.

——. Supremo Tribunal Federal. *A Constituição e o Supremo*. [recurso eletrônico] 5. ed. Brasília: STF, Secretaria de Documentação, 2016.

BRUGGER, Winfried. Menschenbild. In: Stefan Huster und Reinhard Zintl (Hrsg.). *Verfassungsrecht nach 60 Jahren*. Das Grundgesetz von A bis Z. Baden-Baden: Nomos, 2009. p. 118-122.

BULOS, Uadi Lammêgo. *Curso de direito constitucional*. .4. ed. São Paulo: Saraiva, 2009.

CALABRÒ, Gian Pietro. *Diritto alla sicurezza e crisi dello stato costituzionale*. Torino: G. Giappichelli, 2000.

CAMINHA, Maria do Carmo Puccini. Os direitos humanos, os direitos fundamentais e a Constituição brasileira. In: *Revista Forense*. v. 360, mar./abr., 2002. Rio de Janeiro: Forense. p. 71-79.

CAMPANHOLE, Adriano e CAMPONHOLE, Hilton Lobo. *Constituições do Brasil*. 9. ed. São Paulo: Atlas, 1986.

CANARIS, Claus-Wilhelm. *Pensamento sistemático e conceito de sistema na ciência do direito*. Trad. António Menezes Cordeiro. 2. ed. Lisboa: Fundação Calouste Gulbenkian, 1996.

CANOTILHO, José Joaquim Gomes. *"Brancosos" e interconstitucionalidade*. Itinerários dos discursos sobre a historicidade constitucional. Coimbra: Almedina, 2006.

_____. *Constituição dirigente e vinculação do legislador*. Contributo para a compreensão das normas constitucionais programáticas. Coimbra: Coimbra, 1994.

_____. *Direito constitucional e teoria da constituição*. 5. ed. Coimbra: Almedina, 2002.

CARVALHO, Simone Carneiro. A constituição aberta aos direitos humanos. In: *Publicações da Escola da AGU*. v. 9, n. 1, Brasília, jan./mar. 2017. p. 229-250. <seer.agu.gov.br/index.php/EAGU/article/view/1162/1119>. Acesso em: 21 de setembro de 2017.

CRETELLA JÚNIOR, José. *Comentários à constituição brasileira de 1988*. v. I. Rio de Janeiro: Forense Universitária, 1992.

DALLARI, Dalmo de Abreu. *Elementos de teoria geral do Estado*. 30. ed. São Paulo: Saraiva, 2011.

_____. *O futuro do Estado*. 2. ed. São Paulo: Saraiva, 2010.

DALLARI, Pedro. *Constituição e relações exteriores*. São Paulo: Saraiva, 1994.

FERREIRA, Aurélio Buarque de Holanda. *Novo Aurélio Século XXI*: o dicionário da língua portuguesa. 3. ed. Rio de Janeiro: Nova Fronteira, 1999.

FOLHA de São Paulo. <m.folha.uol.com.br/mundo/2017/03/1869055-por-austeridade-brasil-vota-contra-resolucao-de-direitos-humanos-na-onu.shtml#>. Acesso em: 28 de março de 2017.

_____. <www1.folha.uol.com.br/mundo/2017/03/1869663-brasil-se-abstem-decondenar-ira-em-votacao-de-direitoshumanos-na-onu.shtml>. Acesso em 27/03/2017.

FREITAS, Juarez. *A interpretação sistemática do direito*. 5. ed. São Paulo: Malheiros, 2010.

GALINDO, George Rodrigo Bandeira. Comentário ao artigo 84, VII. In: CANOTILHO, J.J. Gomes; MENDES, Gilmar F.; SARLET, Ingo W.; STRECK, Lenio L. (Coords.). *Comentários à Constituição do Brasil*. São Paulo: Saraiva: Almedina, 2013. p. 1238-1241.

GUALAZZI, Eduardo Lobo Botelho. Administração internacional do Estado. In: *Revista Forense*. a. 81, v. 292, out./dez., 1985. Rio de Janeiro: Forense. p. 67-76.

GUASTINI, Ricardo. *Le fonti del diritto*. Fundamenti teorici. Milano: Giuffrè, 2010.

HÄBERLE, Peter. *Das Menschenbild im Verfassungsstaat*. 4. Aufl. Berlin: Duncker & Humblot, 2008.

_____. *Die Verfassung des Pluralismus*. Studien zur Verfassungstheorie der offenen Gesellschaft. Königstein: Athenäum, 1980.

_____. *Verfassungsvergleichung in europa- und weltbürgerlicher Absicht*. Später Schriften. Berlin: Duncker & Humblot, 2009.

HESSE, Konrad. *Grundzüge des Verfassungsrechts der Bundesrepublick Deutschland*. 19 Aufl. Heidelberg: Müller, 1993.

IPSEN, Jörn. *Staatsrecht I*. 14 Aufl. Kriftel: Luchterhand, 2002.

JELLINEK, Georg. *Allgemeine Staatslehre*. 3. Aufl. Berlin: Julius Springer, 1921.

KAUFMANN, Arthur. *Wozu Rechtsphilosophie heute?* Frankfurt am Main: Athenäum, 1971.

KELSEN, Hans. *Teoria Pura do Direito*. Trad. João Baptista Machado. 6. ed. São Paulo: Martins Fontes, 1998.

KRIELE, Martin. *Einführung in die Staatslehre*. 4. Aufl. Opladen: Westdeutscher Verlag, 1990.

LAFER, Celso. *Comércio, desarmamento, direitos humanos*. Reflexões sobre uma experiência diplomática. São Paulo: Paz e Terra, 1999.

_____. *Direito humanos*. Um percurso no Direito no Século XXI. São Paulo: Atlas, 2015.

LARENZ, Karl. *Derecho justo*. Fundamentos de etica juridica. Trad. Luis Díez-Picazo. Madrid: Civitas, 2001.

_____. *Metodologia da ciência do direito*. Trad. José Lamego. 3. ed. Lisboa: Fundação Calouste Gulbenkian, 1997.

LIMA, Ruy Cirne. *Princípios de direito administrativo*. 6. ed. São Paulo: Revista dos Tribunais, 1987.

LOMBA, Pedro. *Teoria da responsabilidade política*. Coimbra: Coimbra, 2008.

MACHADO, João Baptista. *Introdução ao direito e ao discurso legitimador*. Coimbra: Almedina, 2002.

MANSO, Eduardo Vieira. O léxico jurídico. In: *Revista Forense*. a. 81, v. 291, Jul./Set. de 1985, Rio de Janeiro: Forense. p. 111-116.

MARTINO, Alessandra di. *Il territorio: dallo stato-nazione ala globalizzazione. Sfide e prospettive dello Stato costituzionale aperto*. Milano: Giuffrè, 2010.

MASSAÚ, Guilherme Camargo. Os direitos humanos e o art. 4º, II, da Constituição Federal brasileira: a sua natureza e efetividade. In: Cadernos do Programa de Pós-Graduação em Direito/UFRGS. v. 12, n. 1, 2017. Porto Alegre. (seer.ufrgs.br/index.php/ppgdir/article/view/72405/43856) Acesso em: 14 de outubro de 2017.

——. *O princípio republicano do mundo-da-vida do Estado constitucional cosmopolita*. Ijuí: Unijuí, 2016.

MAURER, Hartmut. *Staatsrecht I*. 4 Aufl. München: C.H. Beck, 2005.

MAZZUOLI, Valerio de Oliveira. *Curso de direito internacional público*. 5. ed. São Paulo: RT, 2011.

MELLO, Celso Antônio Bandeira de. *Discricionariedade e controle judicial*. 2. ed. São Paulo: Malheiros, 2012.

MELLO, Celso D. de Albuquerque. *Direito constitucional internacional*. Rio de Janeiro: Renovar, 1994.

MELLO, Marcos Bernardes de. *Teoria do fato jurídico*. Plano da existência. 13. ed. São Paulo: Saraiva, 2007.

MIYAMOTO, Shiguenoli. A política externa brasileira e as operações de paz. In: Revista Brasileira de Estudos Políticos. v. 98. Belo Horizonte, 2008. p. 361-394.

——. La fuerza simbólica de los derechos humanos. In: **Doxa**: Cuadernos de Filosofía de Derecho. n. 27, Alicante, 2004. p. 143-180. <https://rua.ua.es/dspace/bistream/10045/10034/1/Doxa_27_06.pdf>. Acesso em 23 de setembro de 2017.

NEVES, Marcelo. *Transconstitucionalismo*. São Paulo: WMF Martins Fontes, 2009.

NEVES, Marcelo da Costa Pinto. Incidência da norma jurídica e o fato jurídico. In: *Revista de Informação Legislativa*. a. 21, n. 84, out./dez. 1984. Brasília: Senado Federal. p. 267-284.

NOVAIS, Jorge Reis. *Contributo para uma teoria do Estado de Direito* do Estado de Direito liberal ao Estado social e democrático de Direito. Coimbra, 1987.

ORGANIZAÇÃO DAS NAÇÕES UNIDAS. Brasil. Carta de Candidatura para o Conselho de Direitos Humanos. <www.un.org/es/comum/docs/?symbol=A/71/78>. Acesso em 30 de outubro de 2017.

——. Draft Resolution, 2 June 2014. <www.un.org/esa/ffd/consultations/informaConsultationsFfD_DR_3june2014.pdf>. Acesso em 19 de maio de 2017.

——. Report: Situation of human rights in the Islamic Republic of Iran. http://www.ohchr.org/EN/HRBBodies/HRC/RegularSessions/Session34/Documents/A_HRC_34_40_AUV.docx. Acesso em 5 de setembro de 2017.

——. Resolution 34/23 – Human Rights Council. <http://documents-dds-ny.un.org/doc/UNDOC/GEN/G17/082/04/pdf/G1708204.pdf/OpenElement>. Acesso em 5 de setembro de 2017.

——. Resolução 60/251. <https://documents-dds-ny.un.org/doc/UNDOC/GEN/N05/66/PDF/N0550266pdf?>. Acesso em: 10/05/2017.

――. <webtv.un.org/search/ahrc341.3-vote-item3-56th-meeting-34th-regular-session-human-rights-council/5369682820001?term=brazil&langages=&sort=date#full-text. Acesso em 17 de maio de 2017.

PISANÒ, Attilio. *I diritti umani come fenomeno cosmopolita*. Internazionalizzazione, regionalizzazione, specificazione. Milano: Giuffrè, 2011.

PONTES DE MIRANDA. Francisco Cavalcanti. *Comentários à constituição de 1946*. v. I, 2. ed. São Paulo: Max Limonad, 1953.

――. *Sistema de ciência positiva do direito*. t. II. Campinas: Bookseller, 2000.

RECASENS SICHES, Luis. *Introducción al estudio del derecho*. 16. ed. México D.C.: Porrúa, 2009.

REZEK, José Francisco. *Direito internacional público*: curso elementar. 8. ed. São Paulo: Saraiva, 2000.

SANTOS, Raquel Magalhães Neiva. Intervenção e assistência humanitárias à luz do direito internacional. In: *Pensar. Revista de Ciências Jurídicas*. Fortaleza, v. 14, n. 2, p. 384-401, jul./dez.2009.

SARLET, Ingo Wolfgang. *A eficácia dos direitos fundamentais*. Uma teoria geral dos direitos fundamentais na perspectiva constitucional. 12. ed. Porto Alegre: Livraria do Advogado, 2015.

――; MARINONI, Luiz Guilherme; MITIDIERO, Daniel. *Curso de direito constitucional*. 3. ed. São Paulo: Revista dos Tribunais, 2014.

――; FENSTERSEIFER, Tiago. *Princípios do direito ambiental*. 2. ed. São Paulo: Saraiva, 2017.

SILVA, José Afonso da. *Aplicabilidade das normas constitucionais*. 7. ed. São Paulo: Malheiros, 2007.

――. *Comentário contextual à constituição*. 7. ed. São Paulo: Malheiros, 2010.

――. *Curso de direito constitucional positivo*. 16. ed. São Paulo: Malheiros, 1999.

――. *Um pouco de direito constitucional comparado*. São Paulo: Malheiros, 2009.

――. *Direitos fundamentais* conteúdo essencial, restrições e eficácia. 2. ed. São Paulo: Malheiros, 2010.

TAVARES, Iris Eliete Teixeira Neves de Pinho. O presidente da república no sistema presidencialista brasileiro. In: *Revista de Informação Legislativa*. a. 33, n. 130, abril./jun. 1996. Brasília: Senado federal. p. 165-173.

UZIEL, Eduardo, MORAES, Henrique Choer e RICHE, Flavio Elias. Entre direito e política externa – elementos para a interpretação do art. 4º da Constituição. In: *Revista de Direito Constitucional e Internacional*. a. 25, v. 99, jan.-fev. 2017, São Paulo: RT. p. 95-120.

VOLLRATH, Ernst. Menschenrechte als politische Option. In: Heiner Bielefeld; Winfried Brugger; Klaus Dicke (Hrsg.). *Würde und Recht des Menschen*. Festschrift für Johannes Schwartländer zum 70. Geburtstag. Würzburg: Königshausen & Neumann, 1992. p. 223-236.

ZIPPELIUS, Reinhold. *Einführung in das Recht*. 3 Aufl. Heidelberg: C.H. Muller, 2000.